10-10-2015

LA SEGURIDAD PRIVADA EN LA ACTUALIDAD

LA SEGURIDAD PRIVADA EN LA ACTUALIDAD

SEGURIDAD

UNA OBRA DE:
JOSE MARTIN SOSA GRANADOS

ForodeVigilantes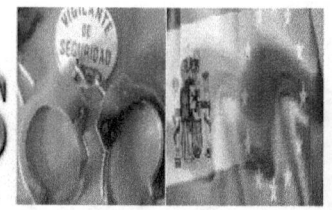

LA SEGURIDAD PRIVADA ACTUALMENTE

Jose Martin Sosa

Imagen vigilante de seguridad armado con la equitación recomendada

Autor:

Jose Martin Sosa Granados (**josepmarti**)

Colaboran

Jordi Palomera

Controlum Seguridad

Shoke

INTRODUCCION

La Seguridad Privada en la actualidad pretende ser un libro de consulta y aprendizaje de lo que debemos saber en nuestro oficio día a día de manera muy simple, sin entrar mucho en reglamentación ni en normativa, aunque en algunos momentos de nuestro relato no podamos resistirnos o tengamos la obligación de colocar algún artículo de seguridad privada porque así se nos exigirá desde el guion.

Aunque el libro ira orientado al público en general, no es menos cierto que me llenaría de satisfacción que los profesionales del sector lo valoraran positivamente y que hicieran del mismo una guía de comportamiento y profesionalidad.

También es cierto que en Seguridad Privada está todo dicho o casi todo dicho y es difícil encontrar temática original y con pureza relativa, pero como cada profesional es un mundo y como cada lector también lo es, intentaremos desde la modestia llegar al pensamiento general.

Esta hermosa actividad que en su mayoría es del todo desconocida y malinterpretada fruto de un abandono del sector y un incumplimiento sistemático de **la ley de seguridad privada** por parte de quienes deberían velar por los intereses generales, no solo los de los profesionales

Sino por todo el sector en general.

La orientación de la seguridad privada va más allá de las normas y de las leyes, va hacia un camino más profesionalizado con mejor preparación de sus hombres y mujeres que forman el sector a través de mejor formación y equilibrio entre la realidad y la formación teórica

Imagen operador de Central Receptora de alarmas **CRA**

Intentaremos ser objetivos y canalizando la temática desde una perspectiva personal y al mismo tiempo general.

Más adelante y a través de bastantes artículos de diferente índole relacionada con la seguridad trataremos diferentes temas relacionados en forma de artículos individuales

Directamente relacionados con la temática que nos aborda.

La seguridad privada como servicio a nuestra sociedad puede aportar grandes beneficios si es tratada adecuadamente.

Actualmente la seguridad privada viene dependiendo del ministerio del interior y este tiene las facultades propias para el control y desarrollo de la misma.

Es este organismo, este ministerio quien debe seguir poniendo la alfombra para que la seguridad privada pueda seguir ayudando a construir seguridad y a colaborar con las fuerzas del orden publico y otros estamentos para seguir dando el servicio que el ciudadano espera.

Hay algunos temas que parecen tabús, cuando se les expone, y son la posibilidad que el vigilante de seguridad pueda ser agente de la autoridad y también el que se pueda trabajar por propia cuenta.

Como son temas ya muy tratados y además no están en ninguna agenda política ni de intereses es casi obligado pasar de puntillas por estos asuntos.

Si un día se tercia y se observa algún indicio de cambio en este sentido, nosotros seremos los primeros en ponernos manos a la obra y desarrollar todos los pros y contras de ambas cuestiones, además no es mi intención la de tratar solo la parte que toca a los vigilantes de seguridad ya que la seguridad privada es bastante más que eso.

A continuación pongo un par de temas copiados por expresa obligación, temas que son fundamentales al hablar de seguridad privada, un poco los orígenes de la misma y la actual ley de seguridad, ley que regula todos los pasos de la seguridad privada en nuestros días. Y desde el 2014, cuando fue aprobada, no entrare a comentar articulo alguno porque si no haríamos un libro enciclopedia más que un libro de opinión y consulta.

INDICE DE CONTENIDOS

LEY DE SEGURIDAD PRIVADA

NORMATIVA BASICA

ARTICULOS DE OPINION

ARTICULOS DE COMPAÑEROS

ARMAMENTO Y TIRO

OPERATIVAS

SERVICIOS DETERMINADOS

Normativa básica reguladora

- Ley Orgánica 4/2015, de 30 de marzo, de protección de la seguridad ciudadana *(BOE núm. 77, de 31 de marzo)*.
- Ley 5/2014, de 4 de abril, de Seguridad Privada *(BOE núm. 83, de 5 de abril)*.
- Ley 6/1997, de 14 de abril, de organización y funcionamiento de la Administración General del Estado -*disposición adicional cuarta*- *(BOE núm. 90, de 15 de abril)*, modificada por la **Ley Orgánica 15/2007**, de 30 de noviembre.

- Ley 13/1996, de 30 de diciembre, de Medidas Fiscales, Administrativas y del Orden Social - **artículo 44**- *(BOE núm. 315, de 31 de diciembre)*.

- Real Decreto 1837/2008, de 8 de noviembre, por el que se incorporan al ordenamiento jurídico español la Directiva 2005/36/CE, del Parlamento Europeo y del Consejo, de 7 de septiembre de 2005, y la Directiva 2006/100/CE, del Consejo, de 20 de noviembre de 2006, relativas al reconocimiento de cualificaciones profesionales, así como a determinados aspectos del ejercicio de la profesión de abogado -**artículos 8 y 19**- *(BOE núm. 280, de 20 de noviembre)*.

- Real Decreto 2487/1998, de 20 de noviembre, por el que se regula la acreditación de la aptitud psicofísica necesaria para tener y usar armas y para prestar servicios de seguridad privada *(BOE núm. 289, de 3 de diciembre)*.

- Real Decreto 2364/1994, de 9 de diciembre, por el que se aprueba el Reglamento de Seguridad Privada *(BOE núm. 8, de 10 de enero de 1995. Corrección de erratas en BOE núm. 20, de 24 de enero de 1995)*, modificado por el **Real Decreto 938/1997**, de 20 de junio; por el **Real Decreto 1123/2001**, de 19 de octubre; por el **Real Decreto 277/2005**, de 11 de marzo; por la **Sentencia de 30 de enero de 2007**, de la Sala Tercera del Tribunal Supremo; por el **Real Decreto 4/2008**, de 11 de enero; por la **Sentencia de 15 de enero de 2009**, de la Sala Tercera del Tribunal Supremo; por el **Real Decreto 1628/2009**, de 30 de octubre y por el **Real Decreto 195/2010**, de 26 de febrero.

- Orden INT/2850/2011, de 11 de octubre, por la que se regula el reconocimiento de las cualificaciones profesionales para el ejercicio de las profesiones y actividades relativas al sector de seguridad privada a los nacionales de los Estados miembros de la Unión Europea *(BOE núm. 255, de 22 de octubre. Corrección de errores en BOE núm. 273, de 12 de noviembre)*.

- Orden INT/318/2011, de 1 de febrero, sobre personal de seguridad privada *(BOE núm. 42, de 18 de febrero. Corrección de errores en BOE núm. 61, de 12 de marzo)*, modificada por la **Orden INT/2850/2011**, de 11 de octubre.

- Orden INT/315/2011, de 1 de febrero, por la que se regulan las Comisiones Mixtas de Coordinación de la Seguridad Privada *(BOE núm. 42, de 18 de febrero. Corrección de errores en BOE núm. 61, de 12 de marzo)*.

- Orden PRE/2914/2009, de 30 de octubre, que desarrolla lo dispuesto en el Real Decreto 1628/2009, de 30 de octubre, por el que se modifican determinados preceptos del Reglamento de Seguridad Privada, aprobado por Real Decreto 2364/1994, de 9 de diciembre, y del Reglamento de Armas, aprobado por Real Decreto 137/1993, de 29 de enero *(BOE núm. 264, de 2 de noviembre)*.

- Orden de 14 de enero de 1999 por la que se aprueban los modelos de informes de aptitud psicofísica necesaria para tener y usar armas y para prestar servicios de seguridad privada *(BOE núm. 20, de 23 de enero)*.

- Orden de 15 de febrero de 1997 por la que se determinan las armas de fuego a utilizar por los Guardas particulares del Campo para desempeñar funciones de vigilancia y guardería *(BOE núm. 48, de 25 de febrero)*, modificada por la **Orden de 30 de abril de 1998**.

- Resolución de 12 de noviembre de 2012, de la Secretaría de Estado de Seguridad, por la que se determinan los programas de formación del personal de seguridad privada *(BOE núm. 296, de 10 de diciembre)*.

- Resolución de 31 de julio de 2012, de la Secretaría de Estado de Seguridad, por la que se modifica la de 18 de enero de 1999, en lo relavito a la formación previa y uniformidad de los Guardas particulares del Campo, en sus distintas especialidades *(BOE núm 212, de 3 de septiembre)*

- Resolución de 6 de junio de 2012, de la Dirección General de la Policía, por la que se constituye la comisión de valoración del profesorado de los centros de formación y se regulan aspectos relativos a la autorización e inspección de los mismos *(BOE núm. 173, de 20 de julio).*

- Resolución de 18 de octubre de 2007, de la Dirección General de la Policía y de la Guardia Civil, por la que se designa la unidad administrativa que desarrollará determinadas competencias en materia de seguridad privada, y se reestructura la comisión de valoración del profesorado de los centros de formación y actualización para guardas particulares del campo y sus especialidades*(BOE núm. 284, de 27 de noviembre).*

- Resolución de 16 de noviembre de 1998, de la Secretaría de Estado de Seguridad, por la que se aprueban los modelos oficiales de los Libros-Registro que se establecen en el Reglamento de Seguridad Privada *(BOE núm. 295, de 10 de diciembre).*

- Resolución de 18 de marzo de 1997, de la Dirección General de la Guardia Civil, por la que se delegan competencias en materia de armas, explosivos y seguridad privada *(BOE núm. 99, de 25 de abril. Corrección de errores en BOE núm. 129, de 30 de mayo)*, modificada por la Resolución de 23 de marzo de 1998 *(BOE núm. 78, de 1 de abril).*

- Resolución de 13 de enero de 1997, de la Dirección General de la Policía, por la que se delegan determinadas competencias en materia de seguridad privada en el Jefe de la División de Formación y Perfeccionamiento de este centro directivo *(BOE núm. 36, de 11 de febrero).*

- Resolución de 28 de febrero de 1996, de la Secretaría de Estado de Interior, por la que se aprueban las instrucciones para la realización de los ejercicios de tiro del personal de seguridad privada *(BOE núm. 57, de 6 de marzo).*

Formación

Antes de presentarse a las pruebas de selección que convoque la Secretaría de Estado de Seguridad y cuya superación habilitará para el ejercicio de la correspondiente profesión, previa expedición de la tarjeta de identidad profesional, los aspirantes a vigilantes de seguridad y a su especialidad de vigilantes de explosivos habrán de superar, en los centros de formación autorizados, en ciclos de al menos ciento ochenta horas y seis semanas lectivas, los **módulos profesionales de formación** que se determinan en la Resolución de 12 de noviembre de 2012, de la Secretaría de Estado de Seguridad. Además, en el caso de los aspirantes a la especialidad de vigilantes de explosivos deberán superar los **módulos complementarios y específicos**, de treinta horas lectivas, establecidos en la mencionada Resolución.

Los **ciclos formativos**, en su delimitación horaria, podrán comprender un porcentaje máximo del cincuenta por ciento de la **formación no presencial o a distancia**, debiendo impartirse**obligatoriamente con carácter presencial** las enseñanzas de naturaleza técnico-profesional, instrumental, de contenido técnico operativo y las prácticas de tiro y laboratorio.

A quienes hayan superado los módulos de formación y las pruebas físicas, los centros de formación autorizados les expedirán el correspondiente **diploma o certificado acreditativo**.

Se impartirán **cursos de formación específica** en los siguientes tipos de servicios:

> Servicio de transporte de seguridad, servicio de respuesta ante alarmas, servicio de vigilancia en buques, servicio de vigilancia en puertos, servicio de vigilancia en aeropuertos, servicio de vigilancia con perros, servicio de vigilancia con rayos X, servicio de vigilancia en centros comerciales, servicio de vigilancia en centros hospitalarios, servicio de vigilancia en urbanizaciones, polígonos, transportes y espacios públicos, servicio de vigilancia en eventos deportivos y espectáculos públicos, servicio de vigilancia en instalaciones nucleares y otras catalogadas como infraestructuras críticas, servicio de vigilancia en centros de internamiento y dependencias de seguridad y servicio de vigilancia del patrimonio histórico y artístico.

Estos cursos de formación específica serán impartidos en centros de formación autorizados y tendrán una duración mínima de diez horas de formación presencial.

LA SEGURIDAD PRIVADA EN ESPAÑA

En este articulo , vamos a profundizar un poco en como esta actualmente el sector de la seguridad privada en nuestro PAIS.

Pero para empezar hablar de como esta hoy el sector , primero debemos mirar hacia atrás y remontarnos al año 1849 :

La primera regulación legal de la seguridad privada, en todo el mundo, se hizo en España.

El inicio de la historia de los agentes de seguridad privada, como recoge el Preámbulo de la Ley de Seguridad Privada, se remonta a 1.849, recién acabada la segunda guerra carlista. Reinaba S.M. la Reina Isabel II, y era Presidente del

Consejo de Ministros D. Ramón María Narváez Campos, Duque de Valencia.

El 8 de Noviembre de 1.849, por una Real Orden del Ministerio de Comercio, Instrucción y Obras Públicas, con concurso del Ministerio de Gobernación (aunque era Ministro de ambos D. Manuel Serijas Lozano, pues en Gobernación sustituía por entonces la ausencia de D. Luis José Sartorias Tapia, Conde de San Luis), se aprueba el Reglamento por el que se crean los primeros Guardas de Campo, jurados por contraposición a los guardas particulares, que debían ser "hombres de buen criterio y prestigio entre sus gentes, que cuidaran como suyo lo que era de los demás y en los campos existe, pues no cuanto hay en el campo es de todos ...."

Lo publica la Gaceta de Madrid, en su número 5.581, el sábado 10 de Noviembre de 1849, titulándose "Reglamento para los guardas municipales y particulares del campo de todos los pueblos del reino".

Por lo que se puede apreciar , ya existía antes del 1900 agentes de seguridad privada , mucho antes de lo que piensan algunos.

Y las primeras empresas modernas que quisieron tener un modelo de tutelaje particular fueron estas:

Con el régimen franquista cuando las cosas comienzan a cambiar para el Guarda Jurado, abriéndose paso su labor de protección también a las empresas. Al poco de acabar la Guerra Civil, durante la dictadura, surge un decreto que autoriza a las grandes industrias a crear para su uso interno un cuerpo de seguridad.

Las primeras industrias con capacidad para ordenar este tipo de Guarda Jurados eran las empresas petrolíferas. Así, es CAMPSA quien en España forma el primer cuerpo privado de Guarda Jurados Armados con el famoso "chopo", un revólver y cinturón de balas para ambas armas. El distintivo original de estos Guardas Jurados era una placa en la que se leía GJ, y su uniforme era gris, del mismo tono de la policía gubernativa de Franco. Se les veía armados hasta los dientes, subidos en los depósitos de gasolina de la estación de carga. Era la época del estraperlo, con robos de gasolina y mercado negro, debido a la escasez y el racionamiento debidos tanto a la II Guerra Mundial como al posterior bloqueo comercial de la ONU a España.

A la creación de estos primeros Guardas Jurados se unió RENFE, quien formó también sus propios Guardas Jurados (Guardería Jurada de RENFE) que viajaban actuando por parejas en los trenes e iban armados (a fecha de hoy siguen así los vigilantes en los trenes: armados y en pareja). Y como estas, también establecen vigilantes algunas otras grandes empresas.

La primera reglamentación para las entidades bancarias se hace mediante el Decreto del Ministerio de la Gobernación de 4 de Mayo de 1946, publicado en el B.O.E. 130, de 10 de Mayo.

Con la llegada del año 1.975, a la muerte de Franco, ocupa su lugar el Rey y comienza la Transición, que acaba con el franquismo y culmina en 1.978 con la Constitución que nos trae la democracia.

Es por esta época cuando la Policía Nacional cambia su imagen y viste de marrón, dejando el famoso uniforme gris, y se empieza a notar muy suavemente que la policía ya no le da tanta importancia al Vigilante como tenía antes. La segunda mitad de los 70 es una época algo ambigua, porque todavía el Vigilante tiene autoridad, pero ya se empieza a notar que la gente comienza a no temer y a perder el respeto por esta figura. Paradójicamente, empieza a extenderse su uso, a través de las empresas de seguridad, en centros comerciales, urbanizaciones y otros ámbitos.

Finalmente, el Real Decreto 629/1978, de 10 de Marzo (BOE 80, de 4 de Abril) sustituye todas las normas anteriores y crea el denominado servicio de Vigilantes Jurados de Seguridad; siendo entonces Ministro del Interior Martín Villa. Publicado meses antes de ser aprobada la Constitución, queda unificado el marco legal de los vigilantes, y se crea una sola y única figura profesional; aparte de la regulación del Guarda de Campo.

Antigua placa de vigilantes jurados

Una vez aprobada la Constitución, como la normativa que regulaba los Vigilantes Jurados era anterior y, salvo en el caso de los Guardas de Caza, sin rango de ley, empiezan a surgir, tímidamente al principio, algunas sentencias que cuestionan el rango normativo que les asegure ser agentes de la autoridad.

Y es lo que años mas tarde pasaría: dejaría de ser autoridad (salvo lo dicho antes para los Guardas de Caza) y eso repercutirá notablemente en su capacidad eficiente para lograr persuadir al público. Eso ocurre con la Ley de Seguridad Privada (LSP) de 1.992, primera norma de rango legal que regula todo el sector.

La LSP no contempla, por primera vez en casi siglo y medio, el carácter de agente de la autoridad; separa la habilitación de vigilante de la licencia de armas (antes era algo conjunto, y quien no aprobaba la licencia no podía ser vigilante jurado);

crea las especialidades de escolta privado y de vigilante de explosivos, así como las figuras de los Jefes de Seguridad y los Directores de Seguridad; y sigue manteniendo la figura de los guardas de campo, con las variantes de pesquerías marítimas, caza y piscifactorías. Amplía la formación, mediante desarrollo reglamentario, que debe recibir el VS, tanto la inicial como la continua; y se reglamentan también los centros de formación en seguridad privada. Por primera vez se deja de depender de la Guardia Civil (salvo en materia de armas, explosivos y los guardas de campo), pasando a depender del CNP. Y así otras novedades y mejoras que todos conocemos.

La nueva Ley también regula que sólo pueden tener vigilantes las empresas de seguridad, lo que llevó a la subrogación de muchos vigilantes de bancos, cajas de ahorro, y otras empresas a las nuevas creadas; salvo algunos cuyas funciones en tales empresas se reconvirtieron.

Bueno , lo que paso a partir de aquí (Ley Corcuera) ya lo sabemos , Vigilantes de seguridad , con o sin arma (Para abaratar precios a los clientes y salarios a los trabajadores) y defenestración de un sector , siempre a la sombra del sector publico.

Afortunadamente , gracias al boom del sector inmobiliario , la economía de España subió desproporcionadamente . En aquel entonces , nadie quería trabajar de Vigilante de Seguridad , pues en la construcción , los salarios eran tranquilamente el doble o mucha gente , monto inmobiliarias con sus jugosas comisiones. Como todo en esta vida , esta basado en la ley de la oferta y la demanda (Y en aquel entonces había mucha demanda de VS ya que nadie quería trabajar de eso) las empresas de seguridad , se vieron forzadas a mejorar exponencialmente las condiciones de trabajo , los sueldos , etc.
Hacer horas extras era casi obligatorio y en empresas como Prosegur , te daban un plus de 100 euros por traerle un VS con TIP y 60 si no tenia .

Las empresas tenían tal demanda de VS que los dos gigantes del sector (Securitas y Prosegur) contrataban a cualquiera , sin apenas mirar al tipo y las pequeñas contrataban a todo tipo de gente , fueran profesionales con presencia o fueran gente al borde del abismo. Es en parte por culpa de eso , que solo la gente mas impresentable metió los pies en este sector.

HOY EN DIA

Debido a la crisis económica que atravesamos actualmente , el panorama y el mercado laboral ha cambiado mucho respecto a lo comentado anteriormente. Empresas que quiebran por doquier , empresas que se descuelgan del (Ya de por si nefasto) convenio colectivo y lo que antaño querían las empresas de seguridad " La vuelta de la tortilla " antes había demanda y como no se podía cubrir , subían los sueldos y las condiciones. Ahora hay "Excedente" de VS , por lo que "sobran VS " y ahora los empresarios del sector tienen la sartén por el mango , para imponer condiciones y salarios demencialmente precarios.

Lo cual no deja de resultar injusto , para los que empezaron en el sector cuando nadie quería estar en el , aguantaron porque les gusto el oficio y ahora han de compartir con gente que antes se burlaba de los asalariados y ahora quieren meterse con "Calzador" y nos piden a los que ya estábamos que nos apretujemos para dejarles un huequecito.

Otro aspecto negativo de la actual situación , es que con la crisis , en lugar de aprovechar para ser mas competitivos a nivel profesional , en lo que se compite entre VS es a nivel "servicial"

No es de extrañar , ver hoy dia VS haciendo de reponedor o fregando el suelo , con tal de ganarse al clente.

Por lo que puedo afirmar , que hoy dia los profesionales del sector , estamos peor que nunca.

Articulo Realizado por palopiedra , Admistrador de Forodevigilantes.com

Fuente : B.O.E , Wikipedia

LEY DE SEGURIDAD PRIVADA 5/14

JUAN CARLOS I REY DE ESPAÑA

A todos los que la presente vieren y entendieren.

Sabed: Que las Cortes Generales han aprobado y Yo vengo en sancionar la siguiente ley:

PREÁMBULO

I

La seguridad no es solo un valor jurídico, normativo o político; es igualmente un valor social. Es uno de los pilares primordiales de la sociedad, se encuentra en la base de la libertad y la igualdad y contribuye al desarrollo pleno de los individuos.

Los Estados, al establecer el modelo legal de seguridad privada, lo perfilan como la forma en la que los agentes privados contribuyen a la minoración de posibles riesgos asociados a su actividad industrial o mercantil, obtienen seguridad adicional más allá de la que provee la seguridad pública o satisfacen sus necesidades de información profesional con la investigación de asuntos de su legítimo interés. En esta óptica, la existencia de la seguridad privada se configura como una medida de anticipación y prevención frente a posibles riesgos, peligros o delitos. La consideración de la seguridad privada como una actividad con entidad propia, pero a la vez como parte integrante de la seguridad pública, es hoy un hecho innegable.

No solo en España sino fundamentalmente en nuestro entorno europeo, la seguridad privada se ha convertido en un verdadero actor de las políticas globales y nacionales de seguridad.

En los últimos años se han producido notables avances en la consideración ciudadana y en el replanteamiento del papel del sector privado de la seguridad, reconociéndose la importancia, eficacia y eficiencia de las alianzas público-privadas como medio para hacer frente y resolver los problemas acuciantes y variados de seguridad que se producen en la sociedad. Cada vez más, la seguridad privada se considera una parte indispensable del conjunto de medidas destinadas a la protección de la sociedad y a la defensa de los derechos y legítimos intereses de los ciudadanos.

La seguridad, entendida como pilar básico de la convivencia ejercida en régimen de monopolio por el poder público del Estado, tanto en su vertiente preventiva como investigadora, encuentra en la realización de actividades de seguridad por otras instancias sociales o agentes privados una oportunidad para verse reforzada, y una forma de articular el reconocimiento de la facultad que tienen los ciudadanos de crear o utilizar los servicios privados de seguridad con las razones profundas sobre las que se asienta el servicio público de la seguridad.

La proyección de la Administración del Estado sobre la prestación de servicios de seguridad por entidades privadas y sobre su personal se basa en el hecho de que los servicios que prestan forman parte del núcleo esencial de la competencia exclusiva en materia de seguridad pública atribuida al Estado por el artículo 149.1.29.ª de la Constitución, y en la misión que, según el artículo 104 del propio texto fundamental, incumbe a las Fuerzas y Cuerpos de Seguridad, bajo la dependencia del Gobierno, de proteger el libre ejercicio de los derechos y libertades y garantizar la seguridad ciudadana.

A partir de ahí, se establece un conjunto de controles e intervenciones administrativas que condicionan el ejercicio de las actividades de seguridad por los particulares. Ello significa que las Fuerzas y Cuerpos de Seguridad han de estar permanentemente presentes en el desarrollo de las actividades privadas de seguridad, conociendo la información trascendente para la seguridad pública que en las mismas se genera y actuando con protagonismo indiscutible, siempre que tales actividades detecten el acaecimiento de hechos delictivos o que puedan afectar a la seguridad ciudadana.

La defensa de la seguridad y el legítimo derecho a usarla no pueden ser ocasión de agresión o desconocimiento de derechos o invasión de las esferas jurídicas y patrimoniales de otras personas. Y ésta es una de las razones que justifican la intensa intervención en la organización y desarrollo de las actividades de las entidades privadas de seguridad y de su personal, por parte de la Fuerzas y Cuerpos de Seguridad, que tienen la misión constitucional de proteger los derechos fundamentales de todos los ciudadanos y garantizar su seguridad.

Desde otra perspectiva, pero igualmente integrada en el objeto de regulación de esta ley, es necesario dar el paso de reconocer la especificidad de los servicios de investigación privada el papel que han alcanzado en nuestra sociedad en los últimos años. Siendo diferentes de los demás servicios de seguridad privada, su acogida en esta norma, dentro del conjunto de actividades de seguridad privada, refleja la configuración de aquéllos como un elemento más que contribuye a garantizar la seguridad de los ciudadanos, entendida en un sentido amplio.

II

La Ley 23/1992, de 30 de julio, de Seguridad Privada, que ahora se deroga, vino a ordenar un sector hasta entonces regulado por una normativa dispersa, de rango inferior y de orientación preconstitucional en algunos casos, que contemplaba una realidad todavía incipiente, y a la que dicho marco legal permitió desarrollarse de forma armónica hasta alcanzar la importancia y transcendencia que ahora tiene, habiendo sabido concitar la generalizada aceptación de la sociedad española.

Ciertamente, la Ley 23/1992, de 30 de julio, así como su normativa de desarrollo, ha supuesto un gran avance para la evolución de la seguridad privada en España, e incluso ha constituido un modelo para procesos normativos análogos en otros Estados de la Unión Europea. Sin embargo, resulta imprescindible alumbrar una nueva normativa legal que dé solución a los problemas detectados y permita seguir evolucionando a un sector de la industria de servicios española que tanto ha contribuido a la seguridad.

En efecto, la regulación del año 1992 resulta hoy claramente insuficiente, lo que se percibe en sus profundas lagunas y carencias, paliadas parcialmente en el posterior reglamento de desarrollo, aprobado por el Real Decreto 2364/1994, de 9 de diciembre, e incluso por normas de rango inferior o simples resoluciones. Han sido en muchas ocasiones este tipo de normas las que han permitido que la Ley 23/1992, de 30 de julio, haya podido mantener su vigencia hasta el momento actual.

Además, la pertenencia de nuestro país a la Unión Europea ha obligado a que la norma fundamental que regula en España la seguridad privada, la Ley 23/1992, de 30 de junio, haya debido ser modificada por los Reales Decretos-leyes 2/1999, de 29 de enero, y 8/2007, de 14 de septiembre, así como por la Ley 25/2009, de 22 de diciembre, de modificación de diversas Leyes para su adaptación a la Ley sobre libre acceso a las actividades de servicios y su ejercicio, con la finalidad de adaptarse cada vez a un entorno más abierto y globalizado, fenómeno que la citada ley, lógicamente, consideró de manera muy colateral.

Otros dos factores determinantes de la necesidad de sustituir la vigente ley cabecera de este sector del ordenamiento jurídico son los importantísimos cambios tecnológicos, que condicionan la prestación de servicios de seguridad, y la tendencia a la integración de las distintas seguridades en un concepto de seguridad integral, cuestión a tener en cuenta tanto en el ámbito de las actividades como en el de las funciones y servicios que presta el personal de seguridad privada, aspectos éstos que la Ley 23/1992, de 30 de julio, no podía contemplar.

Pasados veinte años desde su promulgación, ante un sector maduro y completamente profesionalizado, con presencia en todos los lugares y niveles de la vida del país y de sus ciudadanos, y ante una realidad completamente diferente a la del año 1992, es necesario aprobar una nueva norma que permita solucionar los problemas de funcionamiento detectados a lo largo de estas dos décadas pasadas.

Este fenómeno de insuficiencia de regulación se da aún más, si cabe, con las actividades de investigación privada y los detectives privados, cuya inserción tangencial en la Ley 23/1992, de 30 de julio, vino a abundar en el problema expuesto. En efecto son muy escasas las prevenciones sobre dichas actividades y personal no sólo en sede legal, sino también reglamentaria, por lo cual esta ley afronta de manera decidida y completa, en lo que le corresponde, la definición de su contenido, perfiles, limitaciones y características de quienes, convenientemente formados y habilitados, la desarrollan. De esta manera la regulación de las actividades y el personal de investigación privada pasa a constituir uno de los elementos fundamentales de la nueva ley, abandonando la presencia colateral que tiene en la vigente normativa.

III

Al contrario de la anterior regulación, la nueva ley representa un tratamiento total y sistemático de la seguridad privada en su conjunto, que pretende abarcar toda la realidad del sector existente en España, al tiempo que lo prepara para el futuro.

En consecuencia, es preciso transitar desde la concepción de control y sanción, que inspira el preámbulo y el articulado de la Ley 23/1992, de 30 de julio, y que tuvo su razón de ser en aquel momento, hasta una norma que permita aprovechar las enormes potencialidades que presenta la seguridad privada desde la perspectiva del interés público.

Es por eso que la nueva regulación contempla, entre otros objetivos, la mejora de la eficacia en la prestación de los servicios de seguridad privada en lo relativo a organización y planificación, formación y motivación del personal de seguridad; la eliminación de las situaciones que dan lugar al intrusismo tanto de las empresas como del personal; la dotación al personal de seguridad privada del respaldo jurídico necesario para el ejercicio de sus funciones legales, y los elementos de colaboración entre la seguridad privada y la seguridad pública.

La ley pasa de poner el acento en el principio de la subordinación a desarrollar más eficazmente el principio de complementariedad a través de otros que lo desarrollan, como los de cooperación o de corresponsabilidad, mediante una técnica legislativa más flexible que permite una adaptación permanente a los cambios que experimente la sociedad sin que sea precisa una reforma de rango legal para ello.

En la relación especial que mantiene la seguridad privada con las Fuerzas y Cuerpos de Seguridad, auténticos garantes del sistema de libertades y derechos que constitucionalmente protegen, se hace necesario avanzar en fórmulas jurídicas que reconozcan el papel auxiliar y especialmente colaborador desempeñado por la seguridad privada, de forma que, además de integrar funcionalmente sus capacidades en el sistema público de seguridad, les haga partícipes de la información que resulte necesaria para el mejor cumplimiento de sus deberes.

Se aborda, así, una reforma en profundidad de la regulación legal hasta ahora vigente que pivota sobre dos ejes. En primer lugar, sobre la base irrenunciable de la preeminencia de la seguridad pública sobre la seguridad privada, se realiza una adecuación de la normativa que permita su adaptación y dé respuesta a la necesidad real de seguridad en cada momento, de manera que se aprovechen todas sus potencialidades. En segundo lugar, los poderes de intervención y control público sobre la seguridad privada se focalizan en los aspectos verdaderamente esenciales para la seguridad pública, desregulando los aspectos accesorios que no tienen una directa relación con el servicio de seguridad, al tiempo que se moderniza su gestión y se potencia su colaboración con la seguridad pública.

En resumen, puede decirse que el conjunto de los cambios propuestos en la nueva ley, además de mejorar y resolver problemas técnicos, de gestión y operativos, profundiza decididamente en el actual modelo español de seguridad privada (complementaria, subordinada, colaboradora y controlada por la seguridad pública), apostando por su papel preventivo en beneficio de la seguridad general, y lo hace aprovechando e integrando funcionalmente todo su potencial informativo, de recursos humanos y de medios materiales, al servicio de la protección y seguridad del conjunto de la ciudadanía, de forma compatible con el legítimo interés que persiguen las entidades privadas de seguridad.

Este mismo enfoque inspira los preceptos que se dedican a la investigación privada. En este punto, el legislador, como en las restantes actividades contempladas en la ley, tiene que hacer compatible ese enfoque positivo con una serie de prevenciones indispensables para garantizar los derechos de los ciudadanos, especialmente los del artículo 18 de la Constitución.

IV

Uno de los aspectos donde más se ha puesto de manifiesto el cambio habido desde la aprobación de la Ley 23/1992, de 30 de julio, es en la participación de las comunidades autónomas en la materia. Lo que entonces era algo residual se ha transformado en un fenómeno de mayor calado, pues a las comunidades autónomas con competencia estatutariamente asumida para la protección de personas y bienes y el mantenimiento del orden público, se van uniendo otras comunidades autónomas cuyos nuevos estatutos de autonomía reconocen su competencia sobre la seguridad privada, aunque en ambos casos con sujeción a lo que el Estado regule de acuerdo con el artículo 149.1.29.ª de la Constitución.

Así, la nueva ley quiere reconocer este cambio de situación y contemplar el fenómeno de una manera global, no tangencial, como hasta el momento, reflejando los diferentes niveles competenciales en función de las previsiones estatutarias.

Para que la actuación de las distintas administraciones públicas sea coherente con el mantenimiento de la armonía del sistema, es fundamental incidir en los principios de coordinación y cooperación interadministrativa.

Al objeto de evitar interferencias y duplicidades, se prevén mecanismos de coordinación institucional, se clarifica el reparto de competencias estatales y autonómicas, se afianza la competencia exclusiva del Estado en materia normativa y se sitúan en la órbita ejecutiva las competencias de las comunidades autónomas.

V

Se pasa de un tratamiento normativo parcial a una ley generalista, reguladora de la totalidad de materias que configuran el sector de la seguridad privada, dotada de sistematicidad normativa a lo largo de sus siete títulos, con un desglose de materias que abarcan desde lo más general hasta lo más específico.

Así, en el título preliminar se ha aprovechado para dar definición legal a conceptos o términos que hasta ahora permanecían jurídicamente imprecisos o indeterminados, tales como el propio de seguridad privada, o los de actividades de seguridad, servicios de seguridad, funciones de seguridad, medidas de seguridad, despachos de detectives privados u otros de significada importancia, lo que sin duda alguna ha de tener una directa repercusión favorable en la mejora de la seguridad jurídica.

En esta línea, por primera vez se fija el ámbito material y la finalidad a la que sirve la propia seguridad privada, que no puede ser otra que contribuir, con su acción profesional, a completar la seguridad pública de la que forma parte.

Otras importantes novedades que la nueva ley incorpora en su título preliminar son las referidas a la actualización del ámbito de las actividades de seguridad privada; se regulan las llamadas actividades compatibles, consistentes en todas aquellas materias que rodean o tienen incidencia directa con el mundo de la seguridad, y, por otra parte, se completan y perfilan mejor las actividades de seguridad privada, como es el caso de la investigación privada, que se incluye con normalidad en el catálogo de actividades de seguridad.

Además, se reconoce a los operadores de seguridad la condición de personal acreditado como respuesta al gran avance tecnológico y profunda transformación que ha experimentado la actividad de verificación de alarmas.

La seguridad de la información y las comunicaciones aparece por primera vez configurada no como actividad específica de seguridad privada, sino como actividad compatible que podrá ser desarrollada tanto por empresas de seguridad como por las que no lo sean, y que, por su incidencia directa en la seguridad de las entidades públicas y privadas, llevará implícito el sometimiento a ciertas obligaciones por parte de proveedores y usuarios.

Igualmente, en la línea de reducir restricciones a la libre competencia, se liberaliza la actividad de planificación, consultoría y asesoramiento en materia de seguridad privada, que pasa a considerarse como una actividad compatible no reservada a las empresas de seguridad privada, ya que su afección a esta última, y mediatamente a la seguridad pública, no es directa.

También se ha aprovechado para realizar una necesaria matización del principio general de exclusión de la seguridad privada de los espacios públicos, cuya formulación actual, excesivamente rígida, ha dificultado o impedido la necesaria autorización de servicios en beneficio del ciudadano, que resulta hoy obsoleta.

En el título I se plasma una de las ideas claves que han inspirado la redacción de la ley, como es la coordinación y la colaboración entre los servicios de seguridad privada y las Fuerzas y Cuerpos de Seguridad, con el único objetivo de mejorar la seguridad pública, mediante el intercambio de información siempre con todas las garantías legales, y la apuesta decidida por unos órganos de encuentro que han de ser mucho más proactivos que hasta el momento.

En el título II se da rango legal a algunos preceptos dedicados a la regulación de empresas de seguridad y despachos de detectives, o a los registros de ambos, que se unifican en el nuevo Registro Nacional de Seguridad Privada.

Además, se regula un sistema flexible que permitirá, cuando sea necesario por razón de las instalaciones vigiladas, aumentar los requisitos de las empresas, o reducirlos por razón de la actividad desempeñada.

En línea con el favorecimiento de la actividad económica, la ley sustituye el sistema más gravoso de la autorización administrativa por el de la declaración responsable para los centros de formación de personal de seguridad privada, los despachos de detectives privados y las empresas de instalación y mantenimiento.

En el título III se regulan cuestiones anteriormente dejadas al reglamento, donde no tenían correcta ubicación, tales como las relativas a las funciones de gran parte del personal de seguridad, ya que la Ley 23/1992, de 30 de julio, tan sólo se ocupaba de las funciones de los vigilantes de seguridad y de los detectives privados.

La ley modifica el nombre de los guardas particulares del campo, para configurarlos, más adecuadamente, como guardas rurales.

Por otra parte, se resuelve el problema del requisito de la nacionalidad española o de un Estado de la Unión Europea o de un Estado parte en el Acuerdo sobre el Espacio Económico Europeo para poder acceder a las profesiones de seguridad, que ahora se amplía a los nacionales de terceros Estados que tengan suscrito con España un convenio internacional en el que se contemple tal posibilidad a los nacionales de ambos Estados.

Otra de las novedades que se incorpora en materia de personal, largamente demandada por el sector, es la protección jurídica análoga a la de los agentes de la autoridad del personal de seguridad privada frente a las agresiones o desobediencias de que pueden ser objeto cuando desarrollen, debidamente identificados, las actividades de seguridad privada en cooperación y bajo el mando de las Fuerzas y Cuerpos de Seguridad.

Además de eliminar el inadecuado y distorsionador período de inactividad, que tantas dificultades y problemas ha supuesto para la normal reincorporación al sector del personal de seguridad privada, en la formación del personal, junto al actual sistema de acceso a la profesión a través exclusivamente del Ministerio del Interior, se da cabida a otras posibilidades de acceso mediante el sistema que determine el Gobierno, a propuesta del Ministerio de Educación, Cultura y Deporte, al contemplarse la posibilidad de una formación profesional reglada o de grado universitario para el acceso a las diferentes profesiones de seguridad privada, o de los correspondientes certificados de profesionalidad del Ministerio de Empleo y Seguridad Social.

En el título IV se regulan por primera vez en una norma de rango legal y de forma armónica las medidas de seguridad, así como la especificación de la forma de prestación de los principales servicios de seguridad (vigilancia y protección, protección personal, depósitos y transportes de seguridad, e investigación privada), dotando de concreción a otros importantes servicios para los que la Ley 23/1992, de 30 de julio, y su reglamento de desarrollo no contienen más que referencias aisladas (verificación y respuesta ante alarmas, instalación y mantenimiento de sistemas), o no contienen regulación alguna, como sucede con la videovigilancia en el ámbito de la seguridad privada, en cumplimiento del mandato contenido en la Ley Orgánica 4/1997, de 4 de agosto, de utilización de videocámaras por las Fuerzas y Cuerpos de Seguridad en lugares públicos.

En este título resulta especialmente relevante la regulación de los servicios de videovigilancia y de investigación privada, ya que se trata de servicios que potencialmente pueden incidir de forma directa en la esfera de la intimidad de los ciudadanos. En el segundo caso, desde el ánimo de compaginar los diversos intereses en juego, se abordan cuestiones tan delicadas como la legitimidad del encargo, el contenido del informe de investigación o el deber de reserva profesional.

En el título V se recogen, también por vez primera en sede legal, las actuaciones de control e inspección sobre las entidades, el personal y las medidas de seguridad, así como la obligación de colaboración por parte de los afectados. Especialmente relevante es la incorporación de un precepto que regula las medidas provisionales que pueden adoptar los funcionarios policiales, cuando en el marco de una inspección lo consideren absolutamente necesario, quedando en todo caso sujetas a ratificación por la autoridad competente. Igualmente, se limita, por razón de la intimidad de los datos, el acceso al contenido de los informes de investigación privada en las inspecciones policiales a la mera constatación de su existencia, salvo que medien investigaciones policiales o judiciales o procedimientos sancionadores.

En el título VI se da solución a algunas de las principales carencias de la anterior legislación referidas al régimen sancionador. Así, se contemplan con la debida separación las infracciones que pueden ser cometidas por las entidades, el personal o los usuarios de seguridad privada, incluyendo, junto a estos últimos, a los centros de formación en la materia.

Se hace especial hincapié en la regulación de todas aquellas conductas infractoras que tengan por objeto evitar el intrusismo ya sea realizado por empresas de seguridad, por personal no habilitado, por empresas de servicios que desarrollan actividades materialmente de seguridad privada o por los propios usuarios.

A este respecto, es importante destacar el esfuerzo que se ha hecho en cuanto a la graduación de las infracciones y a los criterios para determinar la imposición de las correspondientes sanciones, con el objetivo básico de garantizar la mayor individualización de aquéllas.

Por último, en la parte final, el texto contempla aquellas disposiciones necesarias para garantizar una transición correcta desde la Ley 23/1992, de 30 de julio, a la nueva legislación, sobre todo hasta que ésta sea objeto del correspondiente desarrollo reglamentario.

TÍTULO PRELIMINAR

Disposiciones generales

CAPÍTULO I

Disposiciones comunes

Artículo 1 Objeto

1. Esta ley tiene por objeto regular la realización y la prestación por personas privadas, físicas o jurídicas, de actividades y servicios de seguridad privada que, desarrollados por éstos, son contratados, voluntaria u obligatoriamente, por personas físicas o jurídicas, públicas o privadas, para la protección de personas y bienes. Igualmente regula las investigaciones privadas que se efectúen sobre aquéllas o éstos. Todas estas actividades tienen la consideración de complementarias y subordinadas respecto de la seguridad pública.

2. Asimismo, esta ley, en beneficio de la seguridad pública, establece el marco para la más eficiente coordinación de los servicios de seguridad privada con los de las Fuerzas y Cuerpos de Seguridad, de los que son complementarios.

Artículo 2 Definiciones

A los efectos de esta ley se entiende por:

- 1. Seguridad privada: el conjunto de actividades, servicios, funciones y medidas de seguridad adoptadas, de forma voluntaria u obligatoria, por personas físicas o jurídicas, públicas o privadas, realizadas o prestados por empresas de seguridad, despachos de detectives privados y personal de seguridad privada para hacer frente a actos deliberados o riesgos accidentales, o para realizar averiguaciones sobre personas y bienes, con la finalidad de garantizar la seguridad de las personas, proteger su patrimonio y velar por el normal desarrollo de sus actividades.

- 2. Actividades de seguridad privada: los ámbitos de actuación material en que los prestadores de servicios de seguridad privada llevan a cabo su acción empresarial y profesional.

- 3. Servicios de seguridad privada: las acciones llevadas a cabo por los prestadores de servicios de seguridad privada para materializar las actividades de seguridad privada.

- 4. Funciones de seguridad privada: las facultades atribuidas al personal de seguridad privada.

- 5. Medidas de seguridad privada: las disposiciones adoptadas para el cumplimiento de los fines de prevención o protección pretendidos.

- 6. Prestadores de servicios de seguridad privada: las empresas de seguridad privada, los despachos de detectives y el personal habilitado para el ejercicio de funciones de seguridad privada.

- 7. Empresa de seguridad privada: las personas físicas o jurídicas, privadas, autorizadas o sometidas al régimen de declaración responsable, para prestar servicios de seguridad privada.

- 8. Personal de seguridad privada: las personas físicas que, habiendo obtenido la correspondiente habilitación, desarrollan funciones de seguridad privada.

- 9. Personal acreditado: profesores de centros de formación, ingenieros y técnicos que desarrollen las tareas que les asignan esta ley y operadores de seguridad.

- 10. Usuario de seguridad privada: las personas físicas o jurídicas que, de forma voluntaria u obligatoria, contratan servicios o adoptan medidas de seguridad privada.

- 11. Despachos de detectives privados: las oficinas constituidas por uno o más detectives privados que prestan servicios de investigación privada.

- 12. Centros de formación de aspirantes o de personal de seguridad privada: establecimientos sometidos al régimen de declaración responsable para impartir en sus locales formación al personal de seguridad privada.

- 13. Elemento, producto o servicio homologado: aquel que reúne las especificaciones técnicas o criterios que recoge una norma técnica al efecto.

- 14. Elemento, producto o servicio acreditado, certificado o verificado: aquel que lo ha sido por una entidad independiente, constituida a tal fin y reconocida por cualquier Estado miembro de la Unión Europea.

Artículo 3 Ámbito de aplicación

1. Las disposiciones de esta ley son de aplicación a las empresas de seguridad privada, al personal de seguridad privada, a los despachos de detectives, a los servicios de seguridad privada, a las medidas de seguridad y a los contratos celebrados en éste ámbito.

2. Igualmente, en la medida que resulte pertinente en cada caso, se aplicarán a los establecimientos obligados a disponer de medidas de seguridad, a los usuarios de los servicios de seguridad privada, a los ingenieros y técnicos de las empresas de seguridad, a los operadores de seguridad, a los profesores de centros de formación, a las empresas prestadoras de servicios de seguridad informática, a las centrales receptoras de alarmas de uso propio y a los centros de formación de personal de seguridad privada.

3. El régimen sancionador y las medidas provisionales, así como el ejercicio de las facultades de inspección, serán también aplicables a aquellas empresas y personal que presten servicios o ejerzan funciones de seguridad privada sin estar autorizadas o haber presentado declaración responsable, o sin estar habilitados o acreditados para el ejercicio legal de los mismos.

Artículo 4 Fines

La seguridad privada tiene como fines:

- a) Satisfacer las necesidades legítimas de seguridad o de información de los usuarios de seguridad privada, velando por la indemnidad o privacidad de las personas o bienes cuya seguridad o investigación se le encomiende frente a posibles vulneraciones de derechos, amenazas deliberadas y riesgos accidentales o derivados de la naturaleza.

- **b)** Contribuir a garantizar la seguridad pública, a prevenir infracciones y a aportar información a los procedimientos relacionados con sus actuaciones e investigaciones.

-

- **c)** Complementar el monopolio de la seguridad que corresponde al Estado, integrando funcionalmente sus medios y capacidades como un recurso externo de la seguridad pública.

Artículo 5 Actividades de seguridad privada

1. Constituyen actividades de seguridad privada las siguientes:

-

- **a)** La vigilancia y protección de bienes, establecimientos, lugares y eventos, tanto públicos como privados, así como de las personas que pudieran encontrarse en los mismos.

-

- **b)** El acompañamiento, defensa y protección de personas físicas determinadas, incluidas las que ostenten la condición legal de autoridad.

-

- **c)** El depósito, custodia, recuento y clasificación de monedas y billetes, títulos-valores, joyas, metales preciosos, antigüedades, obras de arte u otros objetos que, por su valor económico, histórico o cultural, y expectativas que generen, puedan requerir vigilancia y protección especial.

-

- **d)** El depósito y custodia de explosivos, armas, cartuchería metálica, sustancias, materias, mercancías y cualesquiera objetos que por su peligrosidad precisen de vigilancia y protección especial.

-

- **e)** El transporte y distribución de los objetos a que se refieren los dos párrafos anteriores.

-

- **f)** La instalación y mantenimiento de aparatos, equipos, dispositivos y sistemas de seguridad conectados a centrales receptoras de alarmas o a centros de control o de videovigilancia.

-

- **g)** La explotación de centrales para la conexión, recepción, verificación y, en su caso, respuesta y transmisión de las señales de alarma, así como la monitorización de cualesquiera señales de dispositivos auxiliares para la seguridad de personas, de bienes muebles o inmuebles o de cumplimiento de medidas impuestas, y la comunicación a las Fuerzas y Cuerpos de Seguridad competentes en estos casos.

-

- **h)** La investigación privada en relación a personas, hechos o delitos sólo perseguibles a instancia de parte.

2. Los servicios sobre las actividades relacionadas en los párrafos a) a g) del apartado anterior únicamente podrán prestarse por empresas de seguridad privada, sin perjuicio de las competencias de las Fuerzas y Cuerpos de Seguridad. Los despachos de detectives podrán prestar, con carácter exclusivo y excluyente, servicios sobre la actividad a la que se refiere el párrafo h) del apartado anterior.

3. Las entidades públicas o privadas podrán constituir, previa autorización del Ministerio del Interior o del órgano autonómico competente, centrales receptoras de alarmas de uso propio para la conexión, recepción, verificación y, en su caso, respuesta y transmisión de las señales de alarma que reciban de los sistemas de seguridad instalados en bienes inmuebles o muebles de su titularidad, sin que puedan dar, a través de las mismas, ningún tipo de servicio de seguridad a terceros.

Artículo 6 Actividades compatibles

1. Quedan fuera del ámbito de aplicación de esta ley, sin perjuicio de la normativa específica que pudiera resultar de aplicación, especialmente en lo que se refiere a la homologación de productos, las siguientes actividades:

-
  - **a)** La fabricación, comercialización, venta, entrega, instalación o mantenimiento de elementos o productos de seguridad y de cerrajería de seguridad.

-
  - **b)** La fabricación, comercialización, venta o entrega de equipos técnicos de seguridad electrónica, así como la instalación o mantenimiento de dichos equipos siempre que no estén conectados a centrales de alarma o centros de control o de videovigilancia.

-
  - **c)** La conexión a centrales receptoras de alarmas de sistemas de prevención o protección contra incendios o de alarmas de tipo técnico o asistencial, o de sistemas o servicios de control o mantenimiento.

-
  - **d)** La planificación, consultoría y asesoramiento en materia de actividades de seguridad privada, que consistirá en la elaboración de estudios e informes de seguridad, análisis de riesgos y planes de seguridad referidos a la protección frente a todo tipo de riesgos, así como en auditorías sobre la prestación de los servicios de seguridad.

Estas actividades podrán desarrollarse por las empresas de seguridad privada.

2. Quedan también fuera del ámbito de aplicación de esta ley, a no ser que impliquen la asunción o realización de servicios o funciones de seguridad privada, y se regirán por las normas sectoriales que les sean de aplicación en cada caso, los siguientes servicios y funciones:

-
  - **a)** Las de información o de control en los accesos a instalaciones, comprendiendo el cuidado y custodia de las llaves, la apertura y cierre de

puertas, la ayuda en el acceso de personas o vehículos, el cumplimiento de la normativa interna de los locales donde presten dicho servicio, así como la ejecución de tareas auxiliares o subordinadas de ayuda o socorro, todas ellas realizadas en las puertas o en el interior de inmuebles, locales públicos, aparcamientos, garajes, autopistas, incluyendo sus zonas de peajes, áreas de servicio, mantenimiento y descanso, por porteros, conserjes y demás personal auxiliar análogo.

-

- b) Las tareas de recepción, comprobación de visitantes y orientación de los mismos, así como las de comprobación de entradas, documentos o carnés, en cualquier clase de edificios o inmuebles, y de cumplimiento de la normativa interna de los locales donde presten dicho servicio.

-

- c) El control de tránsito en zonas reservadas o de circulación restringida en el interior de instalaciones en cumplimiento de la normativa interna de los mismos.

-

- d) Las de comprobación y control del estado y funcionamiento de calderas, bienes e instalaciones en general, en cualquier clase de inmuebles, para garantizar su conservación y funcionamiento.

Estos servicios y funciones podrán prestarse o realizarse por empresas y personal de seguridad privada, siempre con carácter complementario o accesorio de las funciones de seguridad privada que se realicen y sin que en ningún caso constituyan el objeto principal del servicio que se preste.

3. El personal no habilitado que preste los servicios o funciones comprendidos en el apartado anterior, en ningún caso podrá ejercer función alguna de las reservadas al personal de seguridad privada, ni portar ni usar armas ni medios de defensa, ni utilizar distintivos, uniformes o medios que puedan confundirse con los previstos para dicho personal.

4. Los prestadores de servicios de seguridad privada que vendan, entreguen, instalen o mantengan equipos técnicos de seguridad, no conectados a centrales receptoras de alarmas o a centros de control o de videovigilancia, quedan fuera del ámbito de aplicación de la legislación de seguridad privada.

5. Las empresas de seguridad privada que se dediquen a la instalación o mantenimiento de aparatos, dispositivos y sistemas de seguridad que no incluyan la conexión a centrales receptoras de alarmas o a centros de control o de videovigilancia, sólo están sometidas a la normativa de seguridad privada en lo que se refiere a las actividades y servicios de seguridad privada para las que se encontrasen autorizadas.

6. A las empresas, sean o no de seguridad privada, que se dediquen a las actividades de seguridad informática, entendida como el conjunto de medidas encaminadas a proteger los sistemas de información a fin de garantizar la confidencialidad, disponibilidad e integridad de la misma o del servicio que aquéllos prestan, por su

incidencia directa en la seguridad de las entidades públicas y privadas, se les podrán imponer reglamentariamente requisitos específicos para garantizar la calidad de los servicios que presten.

Artículo 7 Actividades excluidas

1. No están sujetas a esta ley las actuaciones de autoprotección, entendidas como el conjunto de cautelas o diligencias que se puedan adoptar o que ejecuten por sí y para sí mismos de forma directa los interesados, estrictamente dirigidas a la protección de su entorno personal o patrimonial, y cuya práctica o aplicación no conlleve contraprestación alguna ni suponga algún tipo de servicio de seguridad privada prestado a terceros.

Cuando los interesados tengan el carácter de empresas o entidades de cualquier tipo, en ningún caso utilizarán a sus empleados para el desarrollo de las funciones previstas en la presente ley, reservadas a las empresas y el personal de seguridad privada.

2. Queda fuera del ámbito de aplicación de esta ley la obtención por uno mismo de información o datos, así como la contratación de servicios de recepción, recopilación, análisis, comunicación o suministro de información libre obrante en fuentes o registros de acceso público.

Artículo 8 Principios rectores

1. Los servicios y funciones de seguridad privada se prestarán con respeto a la Constitución, a lo dispuesto en esta ley, especialmente en lo referente a los principios de actuación establecidos en el artículo 30, y al resto del ordenamiento jurídico.

2. Los prestadores de servicios de seguridad privada colaborarán, en todo momento y lugar, con las Fuerzas y Cuerpos de Seguridad, con sujeción a lo que éstas puedan disponer en relación con la ejecución material de sus actividades.

3. De conformidad con lo dispuesto en la legislación de fuerzas y cuerpos de seguridad, las empresas de seguridad, los despachos de detectives y el personal de seguridad privada tendrán especial obligación de auxiliar y colaborar, en todo momento, con aquéllas en el ejercicio de sus funciones, de prestarles su colaboración y de seguir sus instrucciones, en relación con los servicios que presten que afecten a la seguridad pública o al ámbito de sus competencias.

4. Las empresas, los despachos y el personal de seguridad privada:

-
- a) No podrán intervenir ni interferir, mientras estén ejerciendo los servicios y funciones que les son propios, en la celebración de reuniones y manifestaciones, ni en el desarrollo de conflictos políticos o laborales.
-
- b) No podrán ejercer ningún tipo de control sobre opiniones políticas, sindicales o religiosas, o sobre la expresión de tales opiniones, ni proceder al

tratamiento, automatizado o no, de datos relacionados con la ideología, afiliación sindical, religión o creencias.

-
- c) Tendrán prohibido comunicar a terceros, salvo a las autoridades judiciales y policiales para el ejercicio de sus respectivas funciones, cualquier información que conozcan en el desarrollo de sus servicios y funciones sobre sus clientes o personas relacionadas con éstos, así como sobre los bienes y efectos de cuya seguridad o investigación estuvieran encargados.

5. El Ministro del Interior o, en su caso, el titular del órgano autonómico competente prohibirá la utilización en los servicios de seguridad privada de determinados medios materiales o técnicos cuando pudieran causar daños o perjuicios a terceros o poner en peligro la seguridad ciudadana.

6. Cuando el personal de seguridad privada desempeñe sus funciones en entidades públicas o privadas en las que se presten servicios que resulten o se declaren esenciales por la autoridad pública competente, o en los que el servicio de seguridad se haya impuesto obligatoriamente, habrán de atenerse, en el ejercicio del derecho de huelga, a lo que respecto de dichas entidades disponga la legislación vigente.

Artículo 9 Contratación y comunicación de servicios

1. No podrá prestarse ningún tipo de servicio de seguridad privada que no haya sido previamente contratado y, en su caso, autorizado.

2. De acuerdo con lo que reglamentariamente se determine, los contratos de prestación de los distintos servicios de seguridad privada deberán, en todo caso, formalizarse por escrito y comunicarse su celebración al Ministerio del Interior o, en su caso, al órgano autonómico competente con antelación a la iniciación de los mismos.

3. La comunicación de contratos de servicios de investigación privada contendrá exclusivamente los datos necesarios para identificar a las partes contratantes, excluidos los de carácter personal.

Artículo 10 Prohibiciones

1. Con carácter general y además de otras prohibiciones contenidas en esta ley, se establecen las siguientes:

-
- a) La prestación o publicidad de servicios de seguridad privada por parte de personas, físicas o jurídicas, carentes de la correspondiente autorización o sin haber presentado declaración responsable.
-
- b) El ejercicio de funciones de seguridad privada por parte de personas físicas carentes de la correspondiente habilitación o acreditación profesional.
-
- c) La prestación de servicios de seguridad privada incumpliendo los requisitos o condiciones legales de prestación de los mismos.

-

- **d)** El empleo o utilización, en servicios de seguridad privada, de medios o medidas de seguridad no homologadas cuando sea preceptivo, o de medidas o medios personales, materiales o técnicos de forma tal que atenten contra el derecho al honor, a la intimidad personal o familiar o a la propia imagen o al secreto de las comunicaciones, o cuando incumplan las condiciones o requisitos establecidos en esta ley y en su normativa de desarrollo.

2. Los despachos de detectives y los detectives privados no podrán celebrar contratos que tengan por objeto la investigación de delitos perseguibles de oficio ni, en general, investigar delitos de esta naturaleza, debiendo denunciar inmediatamente ante la autoridad competente cualquier hecho de esta naturaleza que llegara a su conocimiento, y poniendo a su disposición toda la información y los instrumentos que pudieran haber obtenido hasta ese momento, relacionado con dichos delitos.

3. Las empresas de seguridad no podrán realizar los servicios de investigación privada propios de los despachos de detectives privados, y éstos no podrán prestar servicios propios de las empresas de seguridad privada.

Artículo 11 Registro Nacional de Seguridad Privada y registros autonómicos

1. Serán objeto de inscripción de oficio en el Registro Nacional de Seguridad Privada del Ministerio del Interior, una vez concedidas las pertinentes autorizaciones o, en su caso, presentadas las declaraciones responsables, u obtenidas las preceptivas habilitaciones o acreditaciones, el personal de seguridad privada, las empresas de seguridad privada y los despachos de detectives privados, así como delegaciones y sucursales, los centros de formación del personal de seguridad privada y las centrales receptoras de alarma de uso propio, cuando no sean objeto de inscripción en los registros de las comunidades autónomas.

Igualmente, se inscribirán en el Registro Nacional de Seguridad Privada las sanciones impuestas en materia de seguridad privada, las comunicaciones de los contratos y sus modificaciones y cuantos datos sean necesarios para las actuaciones de control y gestión de la seguridad privada, cuando tales sanciones, comunicaciones y datos se refieran a servicios de seguridad privada que se presten en un ámbito territorial distinto al de una comunidad autónoma con competencia en materia de seguridad privada.

2. En los registros de las comunidades autónomas, una vez concedidas las pertinentes autorizaciones o, en su caso, presentadas las declaraciones responsables, u obtenidas las preceptivas habilitaciones, se inscribirán de oficio las empresas de seguridad privada y los despachos de detectives privados, así como delegaciones y sucursales, los centros de formación del personal de seguridad privada y las centrales receptoras de alarma de uso propio, que tengan su domicilio en la comunidad autónoma y cuyo ámbito de actuación esté limitado a su territorio.

Igualmente, se inscribirán en dichos registros las sanciones impuestas en materia de seguridad privada, las comunicaciones de los contratos y sus modificaciones y cuantos datos sean necesarios para las actuaciones de control y gestión de la seguridad privada, cuando tales sanciones, comunicaciones y datos se refieran a servicios de seguridad privada que se presten en el ámbito territorial propio de una comunidad autónoma con competencia en materia de seguridad privada.

3. En el referido Registro Nacional, además de la información correspondiente a las empresas de seguridad privada que en el mismo se inscriban, se incorporará la relativa a las empresas de seguridad privada inscritas en los registros de las comunidades autónomas con competencia en la materia.

A tales efectos, los órganos competentes de las mencionadas comunidades autónomas deberán comunicar al Registro Nacional de Seguridad Privada los datos de las inscripciones y anotaciones que efectúen sobre las empresas de seguridad privada que inscriban, así como sus modificaciones y cancelaciones.

4. En los mencionados registros, nacional y autonómicos, se anotarán también los datos de las empresas que realicen actividades de seguridad informática, de acuerdo con lo que reglamentariamente se determine.

5. Las autoridades responsables del Registro Nacional y de los registros autonómicos establecerán los mecanismos de colaboración y reciprocidad necesarios para permitir su interconexión e interoperabilidad, la determinación coordinada de los sistemas de numeración de las empresas de seguridad privada y el acceso a la información registral contenida en los mismos, para el ejercicio de sus respectivas competencias.

6. Dichos registros serán públicos exclusivamente en cuanto a los asientos referentes a la denominación o razón social, domicilio, número de identificación fiscal y actividades en relación con las cuales estén autorizadas o hayan presentado la declaración responsable las empresas de seguridad privada, despachos de detectives, centros de formación del personal de seguridad privada y centrales de alarmas de uso propio.

7. Reglamentariamente se regulará la organización y funcionamiento del Registro Nacional de Seguridad Privada.

CAPÍTULO II

Competencias de la Administración General del Estado y de las comunidades autónomas

Artículo 12 Competencias de la Administración General del Estado

1. Corresponde a la Administración General del Estado, a través del Ministerio del Interior y, en su caso, de las Delegaciones y Subdelegaciones del Gobierno, el ejercicio de las siguientes facultades:

-
- a) La autorización o recepción de la declaración responsable, inspección y sanción de las empresas de seguridad privada y de sus delegaciones cuya competencia no haya sido asumida por las comunidades autónomas.

-
- b) La recepción de la declaración responsable para la apertura de los despachos de detectives privados y de sus sucursales, así como su inspección y sanción, cuando el ejercicio de estas facultades no sea competencia de las comunidades autónomas.
-
- c) La habilitación e inhabilitación del personal de seguridad privada, y la determinación del armamento, documentación, uniformidad, distintivos y medios de defensa de dicho personal, así como la acreditación, en todo caso, de los ingenieros y técnicos de las empresas de seguridad y de los operadores de seguridad.
-
- d) La aprobación, modificación y cancelación de los programas y cursos específicos de formación del personal de seguridad privada que no sean de la competencia de los Ministerios de Educación, Cultura y Deporte o de Empleo y Seguridad Social.
-
- e) La recepción de la declaración responsable, inspección y sanción de los centros de formación del personal de seguridad privada cuya competencia no haya sido asumida por las comunidades autónomas, así como la acreditación, en todo caso, de su profesorado.
-
- f) La autorización, inspección y sanción de los servicios de protección personal, cuando no sea competencia de las comunidades autónomas, y de aquellas actividades y servicios transfronterizos de seguridad que puedan prestarse por las empresas y el personal de seguridad privada.
-
- g) La autorización de los servicios de seguridad privada y de centrales de alarma de uso propio que se presten en un ámbito territorial superior al de una comunidad autónoma con competencia en materia de seguridad privada, así como la inspección y sanción de estos servicios en aquella parte de los mismos que se realice fuera del territorio de dichas comunidades autónomas.
-
- h) La determinación reglamentaria de las características técnicas y de homologación que resulten exigibles a los productos, sistemas, dispositivos, equipos, medidas y servicios de seguridad privada.
-
- i) La determinación reglamentaria de los establecimientos obligados a disponer de medidas de seguridad privada, así como la fijación del tipo y alcance de las medidas obligatorias que ha de cumplir cada tipo de establecimiento.
-
- j) La autorización, inspección y sanción de los establecimientos e instalaciones industriales, comerciales y de servicios que estén obligados a adoptar medidas

de seguridad, cuando el ejercicio de esas facultades no sea competencia de las comunidades autónomas.

-
- **k)** La coordinación de los servicios de seguridad e investigación privadas con los de las Fuerzas y Cuerpos de Seguridad del Estado.

2. En el ámbito de las competencias de la Administración General del Estado y de conformidad con lo dispuesto en la legislación de Fuerzas y Cuerpos de Seguridad:

-
- **a)** Corresponde a la Dirección General de la Policía el control de las empresas, entidades y servicios privados de seguridad, vigilancia e investigación, de su personal, medios y actuaciones.

-
- **b)** Corresponde a la Dirección General de la Guardia Civil el ejercicio de sus competencias en materia de armas sobre las empresas y el personal de seguridad privada, así como el control de los guardas rurales y sus especialidades. Sin afectar a las competencias que corresponden a la Dirección General de la Policía podrá participar en el control de las actuaciones operativas del personal de seguridad privada, que preste servicios en su ámbito de competencias.

Artículo 13 Competencias de las comunidades autónomas

1. Las comunidades autónomas que, con arreglo a sus estatutos de autonomía, tengan competencia para la protección de personas y bienes y para el mantenimiento del orden público, ejecutarán la legislación del Estado sobre las siguientes materias:

-
- **a)** La autorización de las empresas de seguridad privada y de sus delegaciones, así como la recepción de la declaración responsable para la apertura de los despachos de detectives privados y de sus sucursales, cuando, en ambos casos, tengan su domicilio en la comunidad autónoma y su ámbito de actuación esté limitado a su territorio.

-
- **b)** La autorización de las actividades y servicios de seguridad privada que se realicen en la comunidad autónoma cuando requieran de la misma o de control previo.

-
- **c)** La inspección y sanción de las actividades y servicios de seguridad privada que se realicen en la comunidad autónoma, así como de quienes los presten o utilicen y la inspección y sanción de los despachos de detectives privados y de sus sucursales que realicen su actividad en la comunidad autónoma.

-
- **d)** La recepción de la declaración responsable, inspección y sanción de los centros de formación del personal de seguridad privada que tengan su sede en la comunidad autónoma.

-
- **e)** La coordinación de los servicios de seguridad e investigación privadas prestados en la comunidad autónoma con los de la policía autonómica y las policías locales.
-
- **f)** La autorización, inspección y sanción de los establecimientos e instalaciones industriales, comerciales y de servicios sitos en la comunidad autónoma que estén obligados a adoptar medidas de seguridad.

2. Las comunidades autónomas que, en virtud de sus estatutos de autonomía, hayan asumido competencia ejecutiva en materia de seguridad privada cuando así lo establezca la legislación del Estado, la ejercerán si disponen de cuerpo de policía propia o establecen fórmulas de colaboración con el Cuerpo Nacional de Policía previstas en la legislación de fuerzas y cuerpos de seguridad, sobre las siguientes materias:

-
- **a)** La autorización, inspección y sanción de las empresas de seguridad privada que tengan su domicilio en la comunidad autónoma y cuyo ámbito de actuación esté limitado a su territorio.
-
- **b)** La denuncia, y puesta en conocimiento de las autoridades competentes, de las infracciones cometidas por las empresas de seguridad que no se encuentren incluidas en el párrafo anterior.

TÍTULO I

Coordinación

Artículo 14 Colaboración profesional

1. La especial obligación de colaboración de las empresas de seguridad, los despachos de detectives y el personal de seguridad privada con las Fuerzas y Cuerpos de Seguridad se desarrollará con sujeción al principio de legalidad y se basará exclusivamente en la necesidad de asegurar el buen fin de las actuaciones tendentes a preservar la seguridad pública, garantizándose la debida reserva y confidencialidad cuando sea necesario.

2. Las empresas de seguridad, los despachos de detectives y el personal de seguridad privada deberán comunicar a las Fuerzas y Cuerpos de Seguridad competentes, tan pronto como sea posible, cualesquiera circunstancias o informaciones relevantes para la prevención, el mantenimiento o restablecimiento de la seguridad ciudadana, así como todo hecho delictivo del que tuviesen conocimiento en el ejercicio de su actividad o funciones, poniendo a su disposición a los presuntos delincuentes, así como los instrumentos, efectos y pruebas relacionadas con los mismos.

3. Las Fuerzas y Cuerpos de Seguridad podrán facilitar al personal de seguridad privada, en el ejercicio de sus funciones, informaciones que faciliten su evaluación de

riesgos y consiguiente implementación de medidas de protección. Si estas informaciones contuvieran datos de carácter personal sólo podrán facilitarse en caso de peligro real para la seguridad pública o para evitar la comisión de infracciones penales.

Artículo 15 Acceso a la información por las Fuerzas y Cuerpos de Seguridad

1. Se autorizan las cesiones de datos que se consideren necesarias para contribuir a la salvaguarda de la seguridad ciudadana, así como el acceso por parte de las Fuerzas y Cuerpos de Seguridad a los sistemas instalados por las empresas de seguridad privada que permitan la comprobación de las informaciones en tiempo real cuando ello sea necesario para la prevención de un peligro real para la seguridad pública o para la represión de infracciones penales.

2. El tratamiento de datos de carácter personal, así como los ficheros, automatizados o no, creados para el cumplimiento de esta ley se someterán a lo dispuesto en la normativa de protección de datos de carácter personal.

3. La comunicación de buena fe de información a las Fuerzas y Cuerpos de Seguridad por las entidades y el personal de seguridad privada no constituirá vulneración de las restricciones sobre divulgación de información impuestas por vía contractual o por cualquier disposición legal, reglamentaria o administrativa, cuando ello sea necesario para la prevención de un peligro real para la seguridad pública o para la represión de infracciones penales.

Artículo 16 Coordinación y participación

1. El Ministerio del Interior o, en su caso, el órgano autonómico competente adoptará las medidas organizativas que resulten adecuadas para asegurar la coordinación de los servicios de seguridad privada con los de las Fuerzas y Cuerpos de Seguridad.

2. En el ámbito de las competencias de la Administración General del Estado se constituirán comisiones mixtas de seguridad privada, nacionales, autonómicas o provinciales, con el carácter de órganos consultivos y de colaboración entre las administraciones públicas y los representantes del sector. Su composición y funciones se determinarán reglamentariamente.

3. En las comunidades autónomas que tengan asumidas las competencias en materia de seguridad privada de conformidad con lo establecido en el artículo 13, también podrán existir órganos consultivos en materia de seguridad privada, con la composición y funcionamiento que en cada caso se determine.

TÍTULO II

Empresas de seguridad privada y despachos de detectives privados

CAPÍTULO I

Empresas de seguridad privada

Artículo 17 Desarrollo de actividades

1. Las empresas de seguridad privada únicamente podrán prestar servicios sobre las actividades previstas en el artículo 5.1, excepto la contemplada en el párrafo h) del mismo.

2. Además de estas actividades, las empresas de seguridad privada podrán realizar las actividades compatibles a las que se refiere el artículo 6 y dedicarse a la formación, actualización y especialización del personal de seguridad privada, perteneciente o no a sus plantillas, en cuyo caso deberán crear centros de formación, de conformidad con lo previsto en el artículo 29.4 y a lo que reglamentariamente se determine.

3. Las empresas de seguridad privada podrán revestir forma societaria o de empresario individual, debiendo cumplir, en ambos casos, la totalidad de condiciones y requisitos previstos en este capítulo para las empresas de seguridad privada.

Artículo 18 Autorización administrativa

1. Para la prestación de servicios de seguridad privada, las empresas de seguridad privada deberán obtener autorización administrativa y serán inscritas de oficio en el registro correspondiente, de acuerdo con el procedimiento que se determine reglamentariamente.

2. La autorización administrativa se suplirá por una declaración responsable cuando pretendan dedicarse exclusivamente a la actividad de seguridad privada contemplada en el artículo 5.1.f).

3. La validez de la autorización o de la declaración responsable será indefinida.

Artículo 19 Requisitos generales

1. Para la autorización o, en su caso, presentación de declaración responsable, la posterior inscripción en el Registro Nacional de Seguridad Privada o en el correspondiente registro autonómico y el desarrollo de servicios de seguridad privada, las empresas de seguridad privada deberán reunir los siguientes requisitos generales:

-
- a) Estar legalmente constituidas e inscritas en el registro mercantil o en el registro público correspondiente y tener por objeto exclusivo todas o alguna de las actividades a las que se refiere el artículo 5.1, excepto la del párrafo h). No obstante, en dicho objeto podrán incluir las actividades que resulten imprescindibles para el cumplimiento de las actividades de seguridad autorizadas, así como las compatibles contempladas en el artículo 6.
-
- b) Tener la nacionalidad de un Estado miembro de la Unión Europea o de un Estado parte en el Acuerdo sobre el Espacio Económico Europeo.
-
- c) Contar con los medios humanos, de formación, financieros, materiales y técnicos adecuados que, de acuerdo con el principio de proporcionalidad, se

determinen reglamentariamente, en función de la naturaleza de las actividades para las que soliciten la autorización o se presente la declaración responsable, y de las características de los servicios que se prestan en relación con tales actividades. En particular, cuando se presten servicios para los que se precise el uso de armas, habrán de adoptarse las medidas que garanticen su adecuada custodia, utilización y funcionamiento. Igualmente, los ingenieros y técnicos de las empresas de seguridad privada y los operadores de seguridad, deberán disponer de la correspondiente acreditación expedida por el Ministerio del Interior, que se limitará a comprobar la honorabilidad del solicitante y la carencia de antecedentes penales, en los términos que reglamentariamente se establezca.

-
- **d)** Disponer de las medidas de seguridad que reglamentariamente se determinen.

-
- **e)** Suscribir un contrato de seguro de responsabilidad civil o constituir otras garantías financieras en la cuantía y con las condiciones que se determinen reglamentariamente.

-
- **f)** Constituir el aval o seguro de caución que se determine reglamentariamente a disposición de las autoridades españolas, para atender exclusivamente las responsabilidades administrativas por infracciones a la normativa de seguridad privada que se deriven del funcionamiento de la empresa.

-
- **g)** No haber sido condenadas mediante sentencia firme por delitos de insolvencia punible, contra la Hacienda Pública, contra la Seguridad Social, contra los derechos de los trabajadores, por intromisión ilegítima en el ámbito de protección del derecho al honor, a la intimidad personal y familiar o a la propia imagen, vulneración del secreto de las comunicaciones o de otros derechos fundamentales, salvo que hubiesen cancelado sus antecedentes penales. En el caso de las personas jurídicas, este requisito será aplicable a los administradores de hecho o de derecho y representantes, que, vigente su cargo o representación, no podrán estar incursos en la situación mencionada por actuaciones realizadas en nombre o a beneficio de dichas personas jurídicas.

-
- **h)** No haber sido condenadas mediante sentencia firme por intromisión ilegítima en el ámbito de protección del derecho al honor, a la intimidad personal y familiar o a la propia imagen, vulneración del secreto de las comunicaciones o de otros derechos fundamentales en los cinco años anteriores a la solicitud. En el caso de las personas jurídicas, este requisito será aplicable a los administradores de hecho o de derecho y representantes, que, vigente su cargo o representación, no podrán estar incursos en la situación mencionada por actuaciones realizadas en nombre o a beneficio de dichas personas jurídicas.

2. Además del cumplimiento de los requisitos generales, a las empresas de seguridad privada que tengan por objeto alguna de las actividades contempladas en el artículo 5.1.b), c), d), e) y g), se les podrá exigir reglamentariamente el cumplimiento de requisitos y garantías adicionales adecuados a la singularidad de los servicios relacionados con dichas actividades.

3. Igualmente, en relación con las actividades contempladas en el artículo 5.1.a), f) y g), podrán ampliarse los requisitos referentes a medios personales y materiales, conforme se disponga reglamentariamente, para poder prestar servicios de seguridad privada en infraestructuras críticas o en servicios esenciales, así como en los servicios descritos en el artículo 40.1 y en artículo 41.2 y 3.

4. Para la contratación de servicios de seguridad privada en los sectores estratégicos definidos en la legislación de protección de infraestructuras críticas, las empresas de seguridad privada deberán contar, con carácter previo a su prestación, con una certificación emitida por una entidad de certificación acreditada que garantice, como mínimo, el cumplimiento de la normativa administrativa, laboral, de Seguridad Social y tributaria que les sea de aplicación.

5. A los efectos previstos en el apartado 1.e) y f), de este artículo se tendrán en cuenta los requisitos ya exigidos en el Estado miembro de la Unión Europea o parte en el Acuerdo sobre el Espacio Económico Europeo de origen en lo referente a la suscripción del contrato de seguro de responsabilidad civil u otras garantías financieras, así como a la constitución de avales o seguros de caución.

6. Las empresas de seguridad privada no españolas, autorizadas para la prestación de servicios de seguridad privada con arreglo a la normativa de cualquiera de los Estados miembros de la Unión Europea o de los Estados parte en el Acuerdo sobre el Espacio Económico Europeo, habrán de inscribirse obligatoriamente en el Registro Nacional de Seguridad Privada del Ministerio del Interior o, cuando tengan su domicilio en una comunidad autónoma con competencias en materia de seguridad privada y su ámbito de actuación limitado a dicho territorio, en el registro autonómico correspondiente, a cuyo efecto deberán acreditar su condición de empresas de seguridad privada y el cumplimiento de los requisitos establecidos en esta ley, en la forma que se determine reglamentariamente.

7. Sin perjuicio de lo dispuesto en los apartados anteriores, a las empresas de seguridad privada que tengan por objeto exclusivo la instalación o mantenimiento de aparatos, dispositivos y sistemas de seguridad que incluyan la prestación de servicios de conexión con centrales receptoras de alarma se las podrá eximir del cumplimiento de alguno de los requisitos incluidos en este artículo, excepto los contemplados en los párrafos e) y f) del apartado 1, cuando así se determine reglamentariamente.

8. El incumplimiento sobrevenido de los requisitos establecidos en este artículo dará lugar a la extinción de la autorización o al cierre de la empresa, en el caso de presentación de declaración responsable, y, en ambos casos, a la cancelación de oficio de la inscripción de la empresa de seguridad en el registro correspondiente.

Artículo 20 Inscripción registral

1. Toda empresa de seguridad privada autorizada o que, en su caso, haya presentado la correspondiente declaración responsable será inscrita de oficio en el Registro Nacional de Seguridad Privada o en el correspondiente registro autonómico.

2. No podrá inscribirse en el Registro Nacional de Seguridad Privada o en el correspondiente registro autonómico ninguna empresa cuya denominación coincida, o pueda inducir a error o confusión, con la de otra ya inscrita o con la de órganos o dependencias de las administraciones públicas, o cuando coincida o pueda inducir a confusión con una marca anterior registrada para actividades idénticas o semejantes, salvo que se solicite por el titular de la misma o con su consentimiento.

Artículo 21 Obligaciones generales

1. Las empresas de seguridad privada deberán cumplir las siguientes obligaciones generales:

- a) Desarrollar las actividades de seguridad privada en los términos de esta ley y en las condiciones establecidas en la autorización que les haya sido concedida o en la declaración responsable que hayan presentado.

- b) Contar con la infraestructura y logística acorde con las exigencias establecidas en esta ley y en su desarrollo reglamentario.

- c) Comunicar al Registro Nacional o autonómico correspondiente todo cambio que se produzca en cuanto a su forma jurídica, denominación, número de identificación fiscal, domicilio, delegaciones, ámbito territorial de actuación, representantes legales, estatutos, titularidad de las acciones y participaciones sociales, y toda variación que sobrevenga en la composición de los órganos de administración, gestión, representación y dirección de las empresas.
  Las empresas de seguridad deben comunicar al Registro Nacional o autonómico del lugar donde presten servicios las altas y bajas del personal de seguridad privada de que dispongan y las incidencias concretas relacionadas con los servicios que prestan.

- d) Garantizar la formación y actualización profesional del personal de seguridad privada del que dispongan y del personal de la empresa que requiera formación en materia de seguridad privada. El mantenimiento de la aptitud en el uso de las armas de fuego se hará con la participación de instructores de tiro habilitados.

- e) Presentar cada año al Ministerio del Interior o al órgano autonómico competente un informe sobre sus actividades y el resumen de las cuentas anuales, debidamente auditadas cuando sea preceptivo, con la información y datos que reglamentariamente se determinen. En ningún caso dicha memoria contendrá datos de carácter personal. El Ministerio del Interior y los órganos autonómicos competentes darán cuenta del funcionamiento del sector a las Cortes Generales y a los Parlamentos autonómicos correspondientes respectivamente, anualmente.

2. Asimismo, las empresas de seguridad privada vendrán obligadas a prestar especial auxilio y colaboración a las Fuerzas y Cuerpos de Seguridad, debiendo facilitar a éstas la información que se les requiera en relación con las competencias atribuidas a las mismas.

Artículo 22 Representantes legales

1. A los efectos de esta ley, se entenderá por representante legal de las empresas de seguridad privada todo aquel que asuma o realice las tareas de dirección, administración, gestión y representación, o cualquiera de ellas, en nombre de aquéllas.

2. Los representantes de las empresas de seguridad privada, que se inscribirán en el Registro Nacional de Seguridad Privada o en el correspondiente registro autonómico, deberán:

-
- a) Ser personas físicas residentes en el territorio de alguno de los Estados miembros de la Unión Europea o de un Estado parte en el Acuerdo sobre el Espacio Económico Europeo.

-
- b) Carecer de antecedentes penales por delitos dolosos.

-
- c) No haber sido sancionados en los dos o cuatro años anteriores por infracción grave o muy grave, respectivamente, en materia de seguridad privada.

-
- d) No haber sido separados del servicio en las Fuerzas Armadas o en las Fuerzas y Cuerpos de Seguridad, ni haber ejercido funciones de control de las entidades o servicios de seguridad, vigilancia o investigación privadas, ni de su personal o medios, como miembros de las Fuerzas y Cuerpos de Seguridad, en los dos años anteriores.

-
- e) No haber sido administrador de hecho o de derecho o apoderado general, en los diez años anteriores, en una empresa que haya sido declarada en concurso calificado como culpable, o condenada mediante sentencia firme por delitos de insolvencia punible, contra la Hacienda Pública, contra la Seguridad Social o contra los derechos de los trabajadores, por intromisión ilegítima en el ámbito de protección del derecho al honor, a la intimidad personal y familiar o a la propia imagen, vulneración del secreto de las comunicaciones o de otros derechos fundamentales.

3. Los representantes legales de las empresas de seguridad privada serán responsables del cumplimiento de las obligaciones generales impuestas a las mismas por el artículo anterior.

Artículo 23 Consideración de sector específico

1. Las empresas de seguridad privada tienen la consideración de sector económico con regulación específica en materia de derecho de establecimiento.

2. Cuando el Consejo de Ministros, con arreglo a lo dispuesto en la normativa sobre inversiones extranjeras, suspenda el régimen de liberalización de los movimientos de capital, la autorización previa de inversiones de capital extranjero en empresas de seguridad privada exigirá, en todo caso, informe previo del Ministerio del Interior.

3. Las empresas de seguridad privada en las que se hubieran realizado inversiones de capital extranjero estarán obligadas a comunicar al Ministerio del Interior todo cambio que se produzca en las mismas, en relación con lo establecido en el artículo 21.1.c).

4. Las limitaciones establecidas en los dos apartados precedentes no son de aplicación a las personas físicas nacionales de los Estados miembros de la Unión Europea ni a las empresas constituidas de conformidad con la legislación de un Estado miembro y cuya sede social, administración central o centro de actividad principal se encuentre dentro de la Unión Europea.

CAPÍTULO II

Despachos de detectives privados

Artículo 24 Apertura de despachos de detectives privados

1. De acuerdo con lo que se disponga reglamentariamente, podrán abrir despachos de detectives privados y, en su caso, sucursales, las personas físicas habilitadas como tales y las personas jurídicas constituidas exclusivamente por detectives privados habilitados, que únicamente podrán desarrollar la actividad mencionada en el artículo 5.1.h).

2. Los despachos de detectives privados se inscribirán de oficio en el Registro Nacional de Seguridad Privada o, en su caso, en el registro de la comunidad autónoma competente, previa presentación de declaración responsable en la forma que reglamentariamente se determine, para lo cual deberán reunir los siguientes requisitos generales:

-
- a) Tener por objeto de su actividad profesional la realización de los servicios de investigación privada a que se refiere el artículo 48.1 y conforme a lo establecido en el artículo 10 de esta ley en materia de prohibiciones.
-

- **b)** En el caso de personas jurídicas, estar legalmente constituidas e inscritas en el Registro Mercantil o en el registro público correspondiente, y cumplir con los requisitos establecidos en el artículo 19.1.g) y h).

- **c)** Fijar un domicilio como sede física del despacho en el que se desarrollará la actividad, se llevará el libro-registro y se encontrará el archivo de los expedientes de contratación y de los informes de investigación.

- **d)** Facilitar una relación nominal de detectives privados adscritos al despacho como integrantes asociados o dependientes del mismo.

- **e)** Suscribir un contrato de seguro de responsabilidad civil o constituir otras garantías financieras en la cuantía y con las condiciones que se determinen reglamentariamente.

- **f)** Constituir el aval o seguro de caución que se determine reglamentariamente a disposición de las autoridades españolas para atender exclusivamente las responsabilidades administrativas por infracciones a la normativa de seguridad privada que se deriven del funcionamiento de los despachos.

- **g)** Mantener en todo momento el titular y los demás detectives integrantes del despacho la habilitación profesional.

- **h)** Contar con las medidas de seguridad que reglamentariamente se determinen.

3. La validez de la declaración responsable necesaria para la apertura de los despachos de detectives y de sus sucursales será indefinida.

4. Los despachos de detectives podrán revestir forma societaria o de empresario individual, debiendo, en ambos casos, cumplir la totalidad de requisitos y obligaciones previstos en este capítulo para los despachos de detectives.

5. El incumplimiento sobrevenido de los requisitos exigidos para la apertura de los despachos de detectives producirá el cierre de los mismos y la cancelación de oficio de su inscripción en el Registro Nacional de Seguridad Privada o, en su caso, en el registro de la comunidad autónoma competente.

Artículo 25 Obligaciones generales

1. Los despachos de detectives privados y sus sucursales deberán cumplir las siguientes obligaciones generales:

- **a)** Formalizar por escrito un contrato por cada servicio de investigación que les sea encargado, comunicando su celebración al Ministerio del Interior o, en su caso, al órgano autonómico competente en la forma que reglamentariamente se determine. Dicha obligación subsistirá igualmente en los casos de subcontratación entre despachos.

-
- b) Llevar un libro-registro, con el formato que reglamentariamente se determine, en el que se anotará cada servicio de investigación contratado o subcontratado.

-
- c) Informar a sus clientes sobre las incidencias relativas a los asuntos que les hubieren encargado, con entrega, en su caso, del informe de investigación elaborado.

-
- d) Facilitar de forma inmediata a la autoridad judicial o a las Fuerzas y Cuerpos de Seguridad competentes las informaciones sobre hechos delictivos de que tuvieren conocimiento en relación con su trabajo o con las investigaciones que éstos estén llevando a cabo.

-
- e) Acudir, cuando sean requeridos para ello por los órganos competentes de la Administración de Justicia y de las Fuerzas y Cuerpos de Seguridad, a su llamamiento, tan pronto como resulte posible, y facilitar las informaciones de que tuvieren conocimiento en relación con las investigaciones que tales organismos se encontraran llevando a cabo.

-
- f) Atender las citaciones que realicen los juzgados y tribunales y las dependencias policiales, a los cuales sus informaciones hayan sido comunicadas o sus informes de investigación hayan sido aportados, para la prestación de testimonio y ratificación, en su caso, del contenido de los referidos informes de investigación.

-
- g) Asegurar el archivo y conservación de la documentación relativa a su ejercicio profesional, especialmente de los contratos, informes, libros y material de imagen y sonido obtenido.

-
- h) Comunicar al Ministerio del Interior o, en su caso, al órgano autonómico competente todo cambio que afecte a su forma jurídica, denominación, composición, domicilio y sucursales en la forma que reglamentariamente se determine.

-
- i) Presentar al Ministerio del Interior o, en su caso, al órgano autonómico competente, una memoria anual de actividades del año precedente, con la información que se determine reglamentariamente, que no podrá contener datos de carácter personal sobre contratantes o investigados. El Ministerio del Interior y los órganos autonómicos competentes darán cuenta del funcionamiento del sector a las Cortes Generales y a los Parlamentos autonómicos correspondientes respectivamente, anualmente.

-

- j) Depositar, en caso de cierre del despacho por cualquier causa, la documentación profesional sobre contratos, informes de investigación y libros-registros en las dependencias del Cuerpo Nacional de Policía o, en su caso, del cuerpo de policía autonómico competente.

2. Los titulares de despachos de detectives responderán civilmente de las acciones u omisiones en que, durante la ejecución de sus servicios, incurran los detectives privados dependientes o asociados.

TÍTULO III

Personal de seguridad privada

CAPÍTULO I

Disposiciones comunes

Artículo 26 Profesiones de seguridad privada

1. Únicamente puede ejercer funciones de seguridad privada el personal de seguridad privada, que estará integrado por los vigilantes de seguridad y su especialidad de vigilantes de explosivos, los escoltas privados, los guardas rurales y sus especialidades de guardas de caza y guardapescas marítimos, los jefes de seguridad, los directores de seguridad y los detectives privados.

2. Para habilitarse como vigilante de explosivos será necesario haber obtenido previamente la habilitación como vigilante de seguridad.

Para habilitarse como guarda de caza o guardapesca marítimo será necesario haberlo hecho previamente como guarda rural.

3. Para la prestación de servicios en infraestructuras críticas y en aquéllos que tengan el carácter de esenciales para la comunidad, así como en aquéllos otros que excepcionalmente lo requieran en función de sus características específicas, se podrá incrementar reglamentariamente la exigencia formativa al personal de seguridad privada encargado de su realización.

4. Reglamentariamente se regulará la obtención por el personal de seguridad privada de habilitaciones adicionales a las ya adquiridas. El desarrollo reglamentario contemplará la exclusión de los requisitos de formación ya acreditados y valorará para la adquisición de dicha habilitación adicional la experiencia acreditada en el desarrollo de funciones de seguridad privada.

5. La uniformidad, distintivos y medios de defensa de los vigilantes de seguridad y de los guardas rurales y sus respectivas especialidades se determinarán reglamentariamente.

Artículo 27 Habilitación profesional

1. Para el ejercicio de las funciones de seguridad privada, el personal al que se refiere el artículo anterior habrá de obtener previamente la correspondiente habilitación del Ministerio del Interior, en los términos que reglamentariamente se determinen.

2. A quienes soliciten la habilitación, previa comprobación de que reúnen los requisitos necesarios, se les expedirá la tarjeta de identidad profesional, que incluirá todas las habilitaciones de las que el titular disponga.

La tarjeta de identidad profesional constituirá el documento público de acreditación del personal de seguridad privada mientras se encuentra en el ejercicio de sus funciones profesionales.

3. La habilitación de todo el personal de seguridad privada corresponderá a la Dirección General de la Policía, excepto la de los guardas rurales y sus especialidades que corresponderá a la Dirección General de la Guardia Civil.

4. El personal de seguridad privada ejercerá exclusivamente las funciones para los que se encuentre habilitado.

5. Reglamentariamente se determinará el régimen de incompatibilidades para el ejercicio de funciones de seguridad privada.

Artículo 28 Requisitos generales

1. Para la obtención de las habilitaciones profesionales indicadas en el artículo anterior, los aspirantes habrán de reunir, los siguientes requisitos generales:

-
  - a) Tener la nacionalidad de alguno de los Estados miembros de la Unión Europea o de un Estado parte en el Acuerdo sobre el Espacio Económico Europeo, o ser nacional de un tercer Estado que tenga suscrito con España un convenio internacional en el que cada parte reconozca el acceso al ejercicio de estas actividades a los nacionales de la otra.
-
  - b) Ser mayor de edad.
-
  - c) Poseer la capacidadfísica y la aptitud psicológica necesarias para el ejercicio de las funciones.
-
  - d) Estar en posesión de la formación previa requerida en el artículo 29.
-
  - e) Carecer de antecedentes penales por delitos dolosos.
-
  - f) No haber sido sancionado en los dos o cuatro años anteriores por infracción grave o muy grave, respectivamente, en materia de seguridad privada.
-

- **g)** No haber sido separado del servicio en las Fuerzas y Cuerpos de Seguridad o en las Fuerzas Armadas españolas o del país de su nacionalidad o procedencia en los dos años anteriores.

- **h)** No haber sido condenado por intromisión ilegítima en el ámbito de protección del derecho al honor, a la intimidad personal y familiar o a la propia imagen, vulneración del secreto de las comunicaciones o de otros derechos fundamentales en los cinco años anteriores a la solicitud.

- **i)** Superar, en su caso, las pruebas de comprobación que reglamentariamente establezca el Ministerio del Interior, que acrediten los conocimientos y la capacidad necesarios para el ejercicio de sus funciones.

2. Además de los requisitos generales establecidos en el apartado anterior, el personal de seguridad privada habrá de reunir, para su habilitación, los requisitos específicos que reglamentariamente se determinen en atención a las funciones que haya de desempeñar.

3. La pérdida de alguno de los requisitos establecidos en este artículo producirá la extinción de la habilitación y la cancelación de oficio de la inscripción en el Registro Nacional.

4. Podrán habilitarse, pero no podrán ejercer funciones propias del personal de seguridad privada, los funcionarios públicos en activo y demás personal al servicio de cualquiera de las administraciones públicas, excepto cuando desempeñen la función de director de seguridad en el propio centro a que pertenezcan.

Los miembros de las Fuerzas y Cuerpos de Seguridad podrán ejercer funciones propias del personal de seguridad privada cuando pasen a una situación administrativa distinta a la de servicio activo, siempre que en los dos años anteriores no hayan desempeñado funciones de control de las entidades, servicios o actuaciones de seguridad, vigilancia o investigación privadas, ni de su personal o medios.

5. Los nacionales de otros Estados miembros de la Unión Europea o de Estados parte en el Acuerdo sobre el Espacio Económico Europeo, cuya habilitación o cualificación profesional haya sido obtenida en alguno de dichos Estados para el desempeño de funciones de seguridad privada en el mismo, podrán prestar servicios en España, siempre que, previa comprobación por el Ministerio del Interior, se acredite que cumplen los siguientes requisitos:

- **a)** Poseer alguna titulación, habilitación o certificación expedida por las autoridades competentes de cualquier Estado miembro o de un Estado parte en el Acuerdo sobre el Espacio Económico Europeo que les autorice para el ejercicio de funciones de seguridad privada en el mismo.

- **b)** Acreditar los conocimientos, formación y aptitudes equivalentes a los exigidos en España para el ejercicio de las profesiones relacionadas con la seguridad privada.

-

- **c)** Tener conocimientos de lengua castellana suficientes para el normal desempeño de las funciones de seguridad privada.

-

- **d)** Los previstos en los párrafos b), e), f), g) y h) del apartado 1.

6. La carencia o insuficiencia de conocimientos o aptitudes necesarios para el ejercicio en España de funciones de seguridad privada por parte de los nacionales de Estados miembros de la Unión Europea o de Estados parte en el Acuerdo sobre el Espacio Económico Europeo, podrá suplirse por aplicación de las medidas compensatorias previstas en la normativa vigente sobre reconocimiento de cualificaciones profesionales, de conformidad con lo que se determine reglamentariamente.

Artículo 29 Formación

1. La formación requerida para el personal de seguridad privada consistirá:

-

- **a)** Para los vigilantes de seguridad, vigilantes de explosivos, escoltas privados, guardas rurales, guardas de caza y guardapescas marítimos, en la obtención de la certificación acreditativa correspondiente, expedida por un centro de formación de personal de seguridad privada que haya presentado la declaración responsable ante el Ministerio del Interior o el órgano autonómico competente, o de los correspondientes certificados de profesionalidad de vigilancia y seguridad privada y guarderío rural y marítimo, que establezca el Gobierno a propuesta del Ministerio de Empleo y Seguridad Social, o del título de formación profesional que establezca el Gobierno a propuesta del Ministerio de Educación, Cultura y Deporte. En estos dos últimos casos no se exigirá la prueba de comprobación de conocimientos y capacidad a que se refiere el artículo 28.1.i).

-

- **b)** Para los jefes y directores de seguridad, en la obtención bien de un título universitario oficial de grado en el ámbito de la seguridad que acredite la adquisición de las competencias que se determinen, o bien del título del curso de dirección de seguridad, reconocido por el Ministerio del Interior.

-

- **c)** Para los detectives privados, en la obtención bien de un título universitario de grado en el ámbito de la investigación privada que acredite la adquisición de las competencias que se determinen, o bien del título del curso de investigación privada, reconocido por el Ministerio del Interior.

2. Cuando se trate de miembros de las Fuerzas y Cuerpos de Seguridad y de las Fuerzas Armadas se tendrá en cuenta, en la forma que reglamentariamente se establezca, el grado y experiencia profesionales que acrediten su cualificación para el desempeño de las diferentes funciones de seguridad privada, siendo exigible en todo caso la prueba de comprobación de conocimientos y capacidad a que se refiere el artículo 28.1.i).

3. En relación con lo dispuesto en el apartado 1, la formación previa del personal comprendido en su párrafo a) que no posea la titulación correspondiente de formación profesional, o los certificados de profesionalidad, así como su actualización y especialización se llevará a cabo en los centros de formación de seguridad privada que hayan presentado la declaración responsable ante el Ministerio del Interior o el órgano autonómico competente. y por profesores acreditados por el citado Ministerio.

4. Los centros de formación del personal de seguridad privada requerirán, para su apertura y funcionamiento, de la presentación de la correspondiente declaración responsable ante el Ministerio del Interior u órgano autonómico competente, debiendo reunir, entre otros que reglamentariamente se establezcan, los siguientes requisitos:

-
- **a)** Acreditación, por cualquier título, del derecho de uso del inmueble.
-
- **b)** Licencia municipal correspondiente.
-
- **c)** Relación de profesores acreditados.
-
- **d)** Instalaciones adecuadas al cumplimiento de sus fines.

5. No podrán ser titulares ni desempeñar funciones de dirección ni de administración de centros de formación del personal de seguridad privada los miembros de las Fuerzas y Cuerpos de Seguridad que hayan ejercido en los mismos funciones de control de las entidades, servicios o actuaciones, o del personal o medios, en materia de seguridad privada en los dos años anteriores.

6. Las empresas de seguridad privada podrán crear centros de formación y actualización para personal de seguridad privada perteneciente o no a sus plantillas, en los términos previstos en el apartado 4.

7. El Ministerio del Interior elaborará los programas de formación previa y especializada correspondiente al personal de seguridad privada, en cuyo contenido se incluirán materias específicas de respeto a la diversidad y a la igualdad de trato y no discriminación.

Artículo 30 Principios de actuación

Además de lo establecido en el artículo 8, el personal de seguridad privada se atenderá en sus actuaciones a los siguientes principios básicos:

-
- **a)** Legalidad.
-
- **b)** Integridad.

- c) Dignidad en el ejercicio de sus funciones.

- d) Corrección en el trato con los ciudadanos.

- e) Congruencia, aplicando medidas de seguridad y de investigación proporcionadas y adecuadas a los riesgos.

- f) Proporcionalidad en el uso de las técnicas y medios de defensa y de investigación.

- g) Reserva profesional sobre los hechos que conozca en el ejercicio de sus funciones.

- h) Colaboración con las Fuerzas y Cuerpos de Seguridad. El personal de seguridad privada estará obligado a auxiliar y colaborar especialmente con las Fuerzas y Cuerpos de Seguridad, a facilitarles la información que resulte necesaria para el ejercicio de sus funciones, y a seguir sus instrucciones en relación con el servicio de seguridad privada que estuvieren prestando.

Artículo 31 Protección jurídica de agente de la autoridad

Se considerarán agresiones y desobediencias a agentes de la autoridad las que se cometan contra el personal de seguridad privada, debidamente identificado, cuando desarrolle actividades de seguridad privada en cooperación y bajo el mando de las Fuerzas y Cuerpos de Seguridad.

CAPÍTULO II

Funciones de seguridad privada

Artículo 32 Vigilantes de seguridad y su especialidad

1. Los vigilantes de seguridad desempeñarán las siguientes funciones:

- a) Ejercer la vigilancia y protección de bienes, establecimientos, lugares y eventos, tanto privados como públicos, así como la protección de las personas que puedan encontrarse en los mismos, llevando a cabo las comprobaciones, registros y prevenciones necesarias para el cumplimiento de su misión.

- b) Efectuar controles de identidad, de objetos personales, paquetería, mercancías o vehículos, incluido el interior de éstos, en el acceso o en el interior de inmuebles o propiedades donde presten servicio, sin que, en ningún caso, puedan retener la documentación personal, pero sí impedir el acceso a dichos inmuebles o propiedades. La negativa a exhibir la identificación o a permitir el control de los objetos personales, de paquetería, mercancía o del vehículo facultará para impedir a los particulares el acceso o para ordenarles el abandono del inmueble o propiedad objeto de su protección.

- **c)** Evitar la comisión de actos delictivos o infracciones administrativas en relación con el objeto de su protección, realizando las comprobaciones necesarias para prevenirlos o impedir su consumación, debiendo oponerse a los mismos e intervenir cuando presenciaren la comisión de algún tipo de infracción o fuere precisa su ayuda por razones humanitarias o de urgencia.

- **d)** En relación con el objeto de su protección o de su actuación, detener y poner inmediatamente a disposición de las Fuerzas y Cuerpos de Seguridad competentes a los delincuentes y los instrumentos, efectos y pruebas de los delitos, así como denunciar a quienes cometan infracciones administrativas. No podrán proceder al interrogatorio de aquéllos, si bien no se considerará como tal la anotación de sus datos personales para su comunicación a las autoridades.

  Lo dispuesto en el párrafo anterior se entiende sin perjuicio de los supuestos en los que la Ley de Enjuiciamiento Criminal permite a cualquier persona practicar la detención.

- **e)** Proteger el almacenamiento, recuento, clasificación, transporte y dispensado de dinero, obras de arte y antigüedades, valores y otros objetos valiosos, así como el manipulado de efectivo y demás procesos inherentes a la ejecución de estos servicios.

- **f)** Llevar a cabo, en relación con el funcionamiento de centrales receptoras de alarmas, la prestación de servicios de verificación personal y respuesta de las señales de alarmas que se produzcan.

Además, también podrán realizar las funciones de recepción, verificación no personal y transmisión a las Fuerzas y Cuerpos de Seguridad que el artículo 47.1 reconoce a los operadores de seguridad.

2. Los vigilantes de seguridad se dedicarán exclusivamente a las funciones de seguridad propias, no pudiendo simultanearlas con otras no directamente relacionadas con aquéllas.

3. Corresponde a los vigilantes de explosivos, que deberán estar integrados en empresas de seguridad, la función de protección del almacenamiento, transporte y demás procesos inherentes a la ejecución de estos servicios, en relación con explosivos u otros objetos o sustancias peligrosas que reglamentariamente se determinen.

Será aplicable a los vigilantes de explosivos lo establecido para los vigilantes de seguridad respecto a uniformidad, armamento y prestación del servicio.

Artículo 33 Escoltas privados

1. Son funciones de los escoltas privados el acompañamiento, defensa y protección de personas determinadas, o de grupos concretos de personas, impidiendo que sean objeto de agresiones o actos delictivos.

2. En el desempeño de sus funciones, los escoltas no podrán realizar identificaciones o detenciones, ni impedir o restringir la libre circulación, salvo que resultare imprescindible como consecuencia de una agresión o de un intento manifiesto de agresión a la persona o personas protegidas o a los propios escoltas, debiendo, en tal caso, poner inmediatamente al detenido o detenidos a disposición de las Fuerzas y Cuerpos de Seguridad, sin proceder a ninguna suerte de interrogatorio.

3. Para el cumplimiento de las indicadas funciones será aplicable a los escoltas privados lo determinado en el artículo 32 y demás preceptos concordantes, relativos a vigilantes de seguridad, salvo lo referente a la uniformidad.

Artículo 34 Guardas rurales y sus especialidades

1. Los guardas rurales ejercerán funciones de vigilancia y protección de personas y bienes en fincas rústicas, así como en las instalaciones agrícolas, industriales o comerciales que se encuentren en ellas.

Se atendrán al régimen general establecido para los vigilantes de seguridad, con la especificidad de que no podrán desempeñar las funciones contempladas en el artículo 32.1.e).

2. A los guardas de caza corresponde desempeñar las funciones previstas en el apartado anterior para los guardas rurales y, además, las de vigilancia y protección en las fincas de caza en cuanto a los distintos aspectos del régimen cinegético y espacios de pesca fluvial.

3. Corresponde a los guardapescas marítimos desempeñar las funciones previstas en el apartado 1 para los guardas rurales y, además, las de vigilancia y protección de los establecimientos de acuicultura y zonas marítimas con fines pesqueros.

4. Los guardas de caza y los guardapescas marítimos podrán proceder a la retirada u ocupación de las piezas cobradas y los medios de caza y pesca, incluidas armas, cuando aquéllos hubieran sido utilizados para cometer una infracción, procediendo a su entrega inmediata a las Fuerzas y Cuerpos de Seguridad competentes.

Artículo 35 Jefes de seguridad

1. En el ámbito de la empresa de seguridad en cuya plantilla están integrados, corresponde a los jefes de seguridad el ejercicio de las siguientes funciones:

-
- a) El análisis de situaciones de riesgo y la planificación y programación de las actuaciones precisas para la implantación y realización de los servicios de seguridad privada.

-
- **b)** La organización, dirección e inspección del personal y servicios de seguridad privada.

-
- **c)** La propuesta de los sistemas de seguridad que resulten pertinentes, y el control de su funcionamiento y mantenimiento, pudiendo validarlos provisionalmente hasta tanto se produzca la inspección y autorización, en su caso, por parte de la Administración.

-
- **d)** El control de la formación permanente del personal de seguridad que de ellos dependa, y la propuesta de la adopción de las medidas o iniciativas adecuadas para el cumplimiento de dicha finalidad.

-
- **e)** La coordinación de los distintos servicios de seguridad que de ellos dependan, con actuaciones propias de protección civil en situaciones de emergencia, catástrofe o calamidad pública.

-
- **f)** La garantía de la colaboración de los servicios de seguridad con los de las correspondientes dependencias de las Fuerzas y Cuerpos de Seguridad.

-
- **g)** La supervisión de la observancia de la normativa de seguridad privada aplicable.

-
- **h)** La responsabilidad sobre la custodia y el traslado de armas de titularidad de la empresa a la que pertenezca, de acuerdo con la normativa de armas y con lo que reglamentariamente se determine.

2. La existencia del jefe de seguridad en las empresas de seguridad privada será obligatoria siempre que éstas se dediquen a todas o algunas de las actividades previstas en los párrafos a), b), c), d) y e) del artículo 5.1.

En función de la complejidad organizativa o técnica, u otras circunstancias que se determinen reglamentariamente, podrá exigirse la existencia de un jefe de seguridad específico para algunas de dichas actividades de seguridad.

3. El ejercicio de funciones podrá delegarse por los jefes de seguridad en los términos que reglamentariamente se dispongan.

Artículo 36 Directores de seguridad

1. En relación con la empresa o entidad en la que presten sus servicios, corresponde a los directores de seguridad el ejercicio de las siguientes funciones:

-
- **a)** La organización, dirección, inspección y administración de los servicios y recursos de seguridad privada disponibles.

-

- b) La identificación, análisis y evaluación de situaciones de riesgo que puedan afectar a la vida e integridad de las personas y al patrimonio.
-
- c) La planificación, organización y control de las actuaciones precisas para la implantación de las medidas conducentes a prevenir, proteger y reducir la manifestación de riesgos de cualquier naturaleza con medios y medidas precisas, mediante la elaboración y desarrollo de los planes de seguridad aplicables.
-
- d) El control del funcionamiento y mantenimiento de los sistemas de seguridad privada.
-
- e) La validación provisional, hasta la comprobación, en su caso, por parte de la Administración, de las medidas de seguridad en lo referente a su adecuación a la normativa de seguridad privada.
-
- f) La comprobación de que los sistemas de seguridad privada instalados y las empresas de seguridad privada contratadas, cumplen con las exigencias de homologación de los organismos competentes.
-
- g) La comunicación a las Fuerzas y Cuerpos de Seguridad competentes de las circunstancias o informaciones relevantes para la seguridad ciudadana, así como de los hechos delictivos de los que tenga conocimiento en el ejercicio de sus funciones.
-
- h) La interlocución y enlace con la Administración, especialmente con las Fuerzas y Cuerpos de Seguridad, respecto de la función de seguridad integral de la entidad, empresa o grupo empresarial que les tenga contratados, en relación con el cumplimiento normativo sobre gestión de todo tipo de riesgos.
-
- i) Las comprobaciones de los aspectos necesarios sobre el personal que, por el ejercicio de las funciones encomendadas, precise acceder a áreas o informaciones, para garantizar la protección efectiva de su entidad, empresa o grupo empresarial.

2. Los usuarios de seguridad privada situarán al frente de la seguridad integral de la entidad, empresa o grupo empresarial a un director de seguridad cuando así lo exija la normativa de desarrollo de esta ley por la dimensión de su servicio de seguridad; cuando se acuerde por decisión gubernativa, en atención a las medidas de seguridad y al grado de concentración de riesgo, o cuando lo prevea una disposición especial.

Lo dispuesto en este apartado es igualmente aplicable a las empresas de seguridad privada.

3. En las empresas de seguridad el director de seguridad podrá compatibilizar sus funciones con las de jefe de seguridad.

4. Cuando una empresa de seguridad preste servicio a un usuario que cuente con su propio director de seguridad, las funciones encomendadas a los jefes de seguridad en el artículo 35.1.a), b), c), y e) serán asumidas por dicho director de seguridad.

5. El ejercicio de funciones podrá delegarse por los directores de seguridad en los términos que reglamentariamente se disponga.

Artículo 37 Detectives privados

1. Los detectives privados se encargarán de la ejecución personal de los servicios de investigación privada a los que se refiere el artículo 48, mediante la realización de averiguaciones en relación con personas, hechos y conductas privadas.

2. En el ejercicio de sus funciones, los detectives privados vendrán obligados a:

-
  - a) Confeccionar los informes de investigación relativos a los asuntos que tuvieren encargados.
-
  - b) Asegurar la necesaria colaboración con las Fuerzas y Cuerpos de Seguridad cuando sus actuaciones profesionales se encuentren relacionadas con hechos delictivos o que puedan afectar a la seguridad ciudadana.
-
  - c) Ratificar el contenido de sus informes de investigación ante las autoridades judiciales o policiales cuando fueren requeridos para ello.

3. El ejercicio de las funciones correspondientes a los detectives privados no será compatible con las funciones del resto del personal de seguridad privada, ni con funciones propias del personal al servicio de cualquier Administración Pública.

4. Los detectives privados no podrán investigar delitos perseguibles de oficio, debiendo denunciar inmediatamente ante la autoridad competente cualquier hecho de esta naturaleza que llegara a su conocimiento, y poniendo a su disposición toda la información y los instrumentos que pudieran haber obtenido hasta ese momento.

TÍTULO IV

Servicios y medidas de seguridad

CAPÍTULO I

Disposiciones comunes

Artículo 38 Prestación de los servicios de seguridad privada

1. Los servicios de seguridad privada se prestarán de conformidad con lo dispuesto en esta ley, en particular en sus artículos 8 y 30, y en sus normas de desarrollo, con arreglo a las estipulaciones del contrato, así como, en su caso, con la autorización concedida o declaración responsable presentada.

2. Los servicios de seguridad privada se prestarán únicamente por empresas de seguridad privada, despachos de detectives y personal de seguridad privada.

3. Reglamentariamente se establecerán las condiciones y requisitos para la subcontratación de servicios de seguridad privada.

4. Los vigilantes de seguridad, vigilantes de explosivos, escoltas privados y jefes de seguridad desempeñarán sus funciones profesionales integrados en las empresas de seguridad que les tengan contratados.

5. Los directores de seguridad de las empresas de seguridad privada y de las entidades obligadas a disponer de esta figura, conforme a lo dispuesto en el artículo 36, desempeñarán sus funciones integrados en las plantillas de dichas empresas.

6. Los guardas rurales podrán desarrollar sus funciones sin necesidad de constituir o estar integrados en empresas de seguridad, prestando sus servicios directamente a los titulares de bienes y derechos que les puedan contratar, conforme a lo que se establezca reglamentariamente, cuando se trate de servicios de vigilancia y protección de explotaciones agrícolas, fincas de caza, en cuanto a los distintos aspectos del régimen cinegético, y zonas marítimas protegidas con fines pesqueros.

7. Los detectives privados ejercerán sus funciones profesionales a través de los despachos de detectives para los que presten sus servicios.

Artículo 39 Forma de prestación

1. Los medios utilizados por las empresas de seguridad en la prestación de los servicios de seguridad privada deberán estar homologados por el Ministerio del Interior. En todo caso, los vehículos, uniformes y distintivos no podrán inducir a confusión con los de las Fuerzas y Cuerpos de Seguridad, ni con los de las Fuerzas Armadas, y se ajustarán a las características que reglamentariamente se determinen.

2. El personal de seguridad privada uniformado, constituido por los vigilantes de seguridad y de explosivos y por los guardas rurales y sus especialidades, prestará sus servicios vistiendo el uniforme y ostentando el distintivo del cargo, y portando los medios de defensa reglamentarios, que no incluirán armas de fuego.

Reglamentariamente se podrán establecer excepciones a la obligación de desarrollar sus funciones con uniforme y distintivo.

3. Previo el otorgamiento de las correspondientes licencias, sólo se desarrollarán con armas de fuego los servicios de seguridad privada contemplados en el artículo 40 y los que reglamentariamente se determinen.

Las armas adecuadas para realizar los servicios de seguridad sólo se podrán portar estando de servicio, con las salvedades que se establezcan reglamentariamente.

4. Salvo en los casos expresamente previstos en esta ley y lo que se determine reglamentariamente atendiendo a las especiales características de determinados servicios de seguridad privada, los vigilantes de seguridad ejercerán sus funciones en el interior de los inmuebles o de las propiedades de cuya vigilancia estuvieran encargados.

5. El personal de seguridad privada, durante la prestación de los servicios de seguridad privada, portará la tarjeta de identidad profesional y, en su caso, la documentación correspondiente al arma de fuego.

CAPÍTULO II

Servicios de las empresas de seguridad privada

Artículo 40 Servicios con armas de fuego

1. Los siguientes servicios de seguridad privada se prestarán con armas de fuego en los términos que reglamentariamente se determinen:

- **a)** Los de vigilancia y protección del almacenamiento, recuento, clasificación y transporte de dinero, valores y objetos valiosos.

- **b)** Los de vigilancia y protección de fábricas y depósitos o transporte de armas, cartuchería metálica y explosivos.

- **c)** Los de vigilancia y protección en buques mercantes y buques pesqueros que naveguen bajo bandera española en aguas en las que exista grave riesgo para la seguridad de las personas o de los bienes.

- **d)** Cuando por sus características y circunstancias lo requieran, los de vigilancia y protección perimetral en centros penitenciarios, centros de internamiento de extranjeros, establecimientos militares u otros edificios o instalaciones de organismos públicos, incluidas las infraestructuras críticas.

2. Reglamentariamente se determinarán aquellos supuestos en los que, valoradas circunstancias tales como localización, valor de los objetos a proteger, concentración del riesgo, peligrosidad, nocturnidad, zonas rústicas o cinegéticas, u otras de análoga significación, podrá autorizarse la prestación de los servicios de seguridad privada portando armas de fuego.

Asimismo, podrá autorizarse la prestación de los servicios de verificación personal de alarmas portando armas de fuego, cuando sea necesario para garantizar la seguridad del personal que los presta, atendiendo a la naturaleza de dicho servicio, al objeto de la protección o a otras circunstancias que incidan en aquélla.

3. El personal de seguridad privada sólo podrá portar el arma de fuego cuando esté de servicio, y podrá acceder con ella al lugar donde se desarrolle éste, salvo que legalmente se establezca lo contrario. Reglamentariamente podrán establecerse excepciones para supuestos determinados.

4. Las armas de fuego adecuadas para realizar cada tipo de servicio serán las que reglamentariamente se establezcan.

Artículo 41 Servicios de vigilancia y protección

1. Los servicios de vigilancia y protección referidos a las actividades contempladas en el artículo 5.1.a) se prestarán por vigilantes de seguridad o, en su caso, por guardas rurales, que desempeñarán sus funciones, con carácter general, en el interior de los edificios, de las instalaciones o propiedades a proteger. No obstante, podrán prestarse fuera de estos espacios sin necesidad de autorización previa, incluso en vías o espacios públicos o de uso común, en los siguientes supuestos:

- **a)** La vigilancia y protección sobre acciones de manipulación o utilización de bienes, maquinaria o equipos valiosos que hayan de tener lugar en las vías o espacios públicos o de uso común.

- **b)** La retirada y reposición de fondos en cajeros automáticos, así como la prestación de servicios de vigilancia y protección de los mismos durante las citadas operaciones, o en las de reparación de averías.

- **c)** Los desplazamientos al exterior de los inmuebles objeto de protección para la realización de actividades directamente relacionadas con las funciones de vigilancia y seguridad de dichos inmuebles.

- **d)** La vigilancia y protección de los medios de transporte y de sus infraestructuras.

- **e)** Los servicios de ronda o de vigilancia discontinua, consistentes en la visita intermitente y programada a los diferentes puestos de vigilancia establecidos o a los distintos lugares objeto de protección.

- **f)** La persecución de quienes sean sorprendidos en flagrante delito, en relación con las personas o bienes objeto de su vigilancia y protección.

- **g)** Las situaciones en que ello viniera exigido por razones humanitarias.

- **h)** Los servicios de vigilancia y protección a los que se refieren los apartados siguientes.

2. Requerirán autorización previa por parte del órgano competente los siguientes servicios de vigilancia y protección, que se prestarán en coordinación, cuando proceda, con las Fuerzas y Cuerpos de Seguridad, y de acuerdo con sus instrucciones:

- **a)** La vigilancia en polígonos industriales y urbanizaciones delimitados, incluidas sus vías o espacios de uso común.

-
- **b)** La vigilancia en complejos o parques comerciales y de ocio que se encuentren delimitados.

-
- **c)** La vigilancia en acontecimientos culturales, deportivos o cualquier otro evento de relevancia social que se desarrolle en vías o espacios públicos o de uso común, en coordinación, en todo caso, con las Fuerzas y Cuerpos de Seguridad.

-
- **d)** La vigilancia y protección en recintos y espacios abiertos que se encuentren delimitados.

Reglamentariamente se establecerán las condiciones y requisitos para la prestación de estos servicios.

3. Cuando así se decida por el órgano competente, y cumpliendo estrictamente las órdenes e instrucciones de las Fuerzas y Cuerpos de Seguridad, podrán prestarse los siguientes servicios de vigilancia y protección:

-
- **a)** La vigilancia perimetral de centros penitenciarios.

-
- **b)** La vigilancia perimetral de centros de internamiento de extranjeros.

-
- **c)** La vigilancia de otros edificios o instalaciones de organismos públicos.

-
- **d)** La participación en la prestación de servicios encomendados a la seguridad pública, complementando la acción policial. La prestación de estos servicios también podrá realizarse por guardas rurales.

Artículo 42 Servicios de videovigilancia

1. Los servicios de videovigilancia consisten en el ejercicio de la vigilancia a través de sistemas de cámaras o videocámaras, fijas o móviles, capaces de captar y grabar imágenes y sonidos, incluido cualquier medio técnico o sistema que permita los mismos tratamientos que éstas.

Cuando la finalidad de estos servicios sea prevenir infracciones y evitar daños a las personas o bienes objeto de protección o impedir accesos no autorizados, serán prestados necesariamente por vigilantes de seguridad o, en su caso, por guardas rurales.

No tendrán la consideración de servicio de videovigilancia la utilización de cámaras o videocámaras cuyo objeto principal sea la comprobación del estado de instalaciones o bienes, el control de accesos a aparcamientos y garajes, o las actividades que se desarrollan desde los centros de control y otros puntos, zonas o áreas de las autopistas de peaje. Estas funciones podrán realizarse por personal distinto del de seguridad privada.

2. No se podrán utilizar cámaras o videocámaras con fines de seguridad privada para tomar imágenes y sonidos de vías y espacios públicos o de acceso público salvo en los supuestos y en los términos y condiciones previstos en su normativa específica, previa autorización administrativa por el órgano competente en cada caso. Su utilización en el interior de los domicilios requerirá el consentimiento del titular.

3. Las cámaras de videovigilancia que formen parte de medidas de seguridad obligatorias o de sistemas de recepción, verificación y, en su caso, respuesta y transmisión de alarmas, no requerirán autorización administrativa para su instalación, empleo o utilización.

4. Las grabaciones realizadas por los sistemas de videovigilancia no podrán destinarse a un uso distinto del de su finalidad. Cuando las mismas se encuentren relacionadas con hechos delictivos o que afecten a la seguridad ciudadana, se aportarán, de propia iniciativa o a su requerimiento, a las Fuerzas y Cuerpos de Seguridad competentes, respetando los criterios de conservación y custodia de las mismas para su válida aportación como evidencia o prueba en investigaciones policiales o judiciales.

5. La monitorización, grabación, tratamiento y registro de imágenes y sonidos por parte de los sistemas de videovigilancia estará sometida a lo previsto en la normativa en materia de protección de datos de carácter personal, y especialmente a los principios de proporcionalidad, idoneidad e intervención mínima.

6. En lo no previsto en la presente ley y en sus normas de desarrollo, se aplicará lo dispuesto en la normativa sobre videovigilancia por parte de las Fuerzas y Cuerpos de Seguridad.

Artículo 43 Servicios de protección personal

1. Los servicios de protección personal, a cargo de escoltas privados, consistirán en el acompañamiento, custodia, resguardo, defensa y protección de la libertad, vida e integridad física de personas o grupos de personas determinadas.

2. La prestación de servicios de protección personal se realizará con independencia del lugar donde se encuentre la persona protegida, incluido su tránsito o circulación por las vías públicas, sin que se puedan realizar identificaciones, restricciones de la circulación, o detenciones, salvo en caso de flagrante delito relacionado con el objeto de su protección.

3. La prestación de estos servicios sólo podrá realizarse previa autorización del Ministerio del Interior o del órgano autonómico competente, conforme se disponga reglamentariamente.

Artículo 44 Servicios de depósito de seguridad

1. Los servicios de depósito de seguridad, referidos a la actividad contemplada en el artículo 5.1.c), estarán a cargo de vigilantes de seguridad y se prestarán obligatoriamente cuando los objetos en cuestión alcancen las cuantías que reglamentariamente se establezcan, así como cuando las autoridades competentes lo determinen en atención a los antecedentes y circunstancias relacionadas con dichos objetos.

2. Los servicios de depósito de seguridad referidos a la actividad contemplada en el artículo 5.1.d), estarán a cargo de vigilantes de explosivos y se prestarán obligatoriamente cuando precisen de vigilancia, cuidado y protección especial, de acuerdo con la normativa específica de cada materia o así lo dispongan las autoridades competentes en atención a los antecedentes y circunstancias relacionadas con dichos objetos o sustancias.

Artículo 45 Servicios de transporte de seguridad

Los servicios de transporte y distribución de los objetos y sustancias a que se refiere el artículo anterior, se llevarán a cabo mediante vehículos acondicionados especialmente para cada tipo de transporte u otros elementos de seguridad específicos homologados para el transporte, y consistirán en su traslado material y su protección durante el mismo, por vigilantes de seguridad o vigilantes de explosivos, respectivamente, con arreglo a lo prevenido en esta ley y en sus normas reglamentarias de desarrollo.

Artículo 46 Servicios de instalación y mantenimiento

1. Los servicios de instalación y mantenimiento de aparatos, equipos, dispositivos y sistemas de seguridad conectados a centrales receptoras de alarmas, centros de control o de videovigilancia, consistirán en la ejecución, por técnicos acreditados, de todas aquellas operaciones de instalación y mantenimiento de dichos aparatos, equipos, dispositivos o sistemas, que resulten necesarias para su correcto funcionamiento y el buen cumplimiento de su finalidad, previa elaboración, por ingenieros acreditados, del preceptivo proyecto de instalación, cuyas características se determinarán reglamentariamente.

2. Estos sistemas deberán someterse a revisiones preventivas con la periodicidad y forma que se determine reglamentariamente.

Artículo 47 Servicios de gestión de alarmas

1. Los servicios de gestión de alarmas, a cargo de operadores de seguridad, consistirán en la recepción, verificación no personal y, en su caso, transmisión de las señales de alarma, relativas a la seguridad y protección de personas y bienes a las Fuerzas y Cuerpos de Seguridad competentes.

2. Los servicios de respuesta ante alarmas se prestarán por vigilantes de seguridad o, en su caso, por guardas rurales, y podrán comprender los siguientes servicios:

-
- a) El depósito y custodia de las llaves de los inmuebles u objetos donde estén instalados los sistemas de seguridad conectados a la central de alarmas y, en su caso, su traslado hasta el lugar del que procediere la señal de alarma verificada o bien la apertura a distancia controlada desde la central de alarmas.
-

- **b)** El desplazamiento de los vigilantes de seguridad o guardas rurales a fin de proceder a la verificación personal de la alarma recibida.

-

- **c)** Facilitar el acceso a los servicios policiales o de emergencia cuando las circunstancias lo requieran, bien mediante aperturas remotas controladas desde la central de alarmas o con los medios y dispositivos de acceso de que se disponga.

3. Cuando los servicios se refirieran al análisis y monitorización de eventos de seguridad de la información y las comunicaciones, estarán sujetos a las especificaciones que reglamentariamente se determinen. Las señales de alarma referidas a estos eventos deberán ser puestas, cuando corresponda, en conocimiento del órgano competente, por el propio usuario o por la empresa con la que haya contratado la seguridad.

CAPÍTULO III

Servicios de los despachos de detectives privados

Artículo 48 Servicios de investigación privada

1. Los servicios de investigación privada, a cargo de detectives privados, consistirán en la realización de las averiguaciones que resulten necesarias para la obtención y aportación, por cuenta de terceros legitimados, de información y pruebas sobre conductas o hechos privados relacionados con los siguientes aspectos:

-

- **a)** Los relativos al ámbito económico, laboral, mercantil, financiero y, en general, a la vida personal, familiar o social, exceptuada la que se desarrolle en los domicilios o lugares reservados.

-

- **b)** La obtención de información tendente a garantizar el normal desarrollo de las actividades que tengan lugar en ferias, hoteles, exposiciones, espectáculos, certámenes, convenciones, grandes superficies comerciales, locales públicos de gran concurrencia o ámbitos análogos.

-

- **c)** La realización de averiguaciones y la obtención de información y pruebas relativas a delitos sólo perseguibles a instancia de parte por encargo de los sujetos legitimados en el proceso penal.

2. La aceptación del encargo de estos servicios por los despachos de detectives privados requerirá, en todo caso, la acreditación, por el solicitante de los mismos, del interés legítimo alegado, de lo que se dejará constancia en el expediente de contratación e investigación que se abra.

3. En ningún caso se podrá investigar la vida íntima de las personas que transcurra en sus domicilios u otros lugares reservados, ni podrán utilizarse en este tipo de servicios medios personales, materiales o técnicos de tal forma que atenten contra el derecho al

honor, a la intimidad personal o familiar o a la propia imagen o al secreto de las comunicaciones o a la protección de datos.

4. En la prestación de los servicios de investigación, los detectives privados no podrán utilizar o hacer uso de medios, vehículos o distintivos que puedan confundirse con los de las Fuerzas y Cuerpos de Seguridad.

5. En todo caso, los despachos de detectives y los detectives privados encargados de las investigaciones velarán por los derechos de sus clientes con respeto a los de los sujetos investigados.

6. Los servicios de investigación privada se ejecutarán con respeto a los principios de razonabilidad, necesidad, idoneidad y proporcionalidad.

Artículo 49 Informes de investigación

1. Por cada servicio que les sea contratado, los despachos o los detectives privados encargados del asunto deberán elaborar un único informe en el que reflejarán el número de registro asignado al servicio, los datos de la persona que encarga y contrata el servicio, el objeto de la contratación, los medios, los resultados, los detectives intervinientes y las actuaciones realizadas, en las condiciones y plazos que reglamentariamente se establezcan.

2. En el informe de investigación únicamente se hará constar información directamente relacionada con el objeto y finalidad de la investigación contratada, sin incluir en él referencias, informaciones o datos que hayan podido averiguarse relativos al cliente o al sujeto investigado, en particular los de carácter personal especialmente protegidos, que no resulten necesarios o que no guarden directa relación con dicho objeto y finalidad ni con el interés legítimo alegado para la contratación.

3. Dicho informe estará a disposición del cliente, a quien se entregará, en su caso, al finalizar el servicio, así como a disposición de las autoridades policiales competentes para la inspección, en los términos previstos en el artículo 54.5.

4. Los informes de investigación deberán conservarse archivados, al menos, durante tres años, sin perjuicio de lo dispuesto en el artículo 16.3 de la Ley Orgánica 15/1999, de 13 de diciembre, de protección de datos de carácter personal. Las imágenes y los sonidos grabados durante las investigaciones se destruirán tres años después de su finalización, salvo que estén relacionadas con un procedimiento judicial, una investigación policial o un procedimiento sancionador. En todo caso, el tratamiento de dichas imágenes y sonidos deberá observar lo establecido en la normativa sobre protección de datos de carácter personal, especialmente sobre el bloqueo de datos previsto en la misma.

5. Las investigaciones privadas tendrán carácter reservado y los datos obtenidos a través de las mismas solo se podrán poner a disposición del cliente o, en su caso, de los órganos judiciales y policiales, en este último supuesto únicamente para una investigación policial o para un procedimiento sancionador, conforme a lo dispuesto en el artículo 25.

Artículo 50 Deber de reserva profesional

1. Los detectives privados están obligados a guardar reserva sobre las investigaciones que realicen, y no podrán facilitar datos o informaciones sobre éstas más que a las personas que se las encomendaron y a los órganos judiciales y policiales competentes para el ejercicio de sus funciones.

2. Sólo mediante requerimiento judicial o solicitud policial relacionada con el ejercicio de sus funciones en el curso de una investigación criminal o de un procedimiento sancionador se podrá acceder al contenido de las investigaciones realizadas por los detectives privados.

CAPÍTULO IV

Medidas de seguridad privada

Artículo 51 Adopción de medidas

1. Las personas físicas o jurídicas, públicas o privadas, podrán dotarse de medidas de seguridad privada dirigidas a la protección de personas y bienes y al aseguramiento del normal desarrollo de sus actividades personales o empresariales.

2. Reglamentariamente, con la finalidad de prevenir la comisión de actos delictivos contra ellos o por generar riesgos directos para terceros o ser especialmente vulnerables, se determinarán los establecimientos e instalaciones industriales, comerciales y de servicios y los eventos que resulten obligados a adoptar medidas de seguridad, así como el tipo y características de las que deban implantar en cada caso.

3. El Ministerio del Interior o, en su caso, el órgano autonómico competente podrá ordenar que los titulares de establecimientos o instalaciones industriales, comerciales y de servicios y los organizadores de eventos adopten las medidas de seguridad que reglamentariamente se establezcan.

El órgano competente formulará la propuesta teniendo en cuenta, además de su finalidad preventiva de hechos delictivos y de evitación de riesgos, la naturaleza de la actividad, la localización de los establecimientos o instalaciones, la concentración de personas u otras circunstancias que la justifiquen y, previa audiencia del titular u organizador, resolverá motivadamente.

Cuando se considerase necesaria la implantación de dichas medidas en órganos u organismos públicos, el órgano competente formulará la correspondiente propuesta y, previo acuerdo con el órgano administrativo o entidad de los que dependan las instalaciones o locales necesitados de protección, dictará la resolución procedente.

4. Las sedes y delegaciones de las empresas de seguridad privada vinculadas a la operativa de seguridad y los despachos de detectives privados y sus sucursales estarán obligados a adoptar las medidas de seguridad que se establezcan reglamentariamente.

5. La celebración de eventos y la apertura o funcionamiento de establecimientos e instalaciones y de empresas de seguridad y sus delegaciones y despachos de

detectives y sus sucursales, mencionados en los apartados 2 y 3, estará condicionada a la efectiva implantación de las medidas de seguridad que resulten obligatorias en cada caso.

6. Los órganos competentes podrán eximir de la implantación de medidas de seguridad obligatorias cuando las circunstancias que concurran en el caso concreto las hicieren innecesarias o improcedentes.

7. Los titulares de los establecimientos, instalaciones y empresas de seguridad privada y sus delegaciones, así como de los despachos de detectives privados y sus sucursales y los organizadores de eventos, serán responsables de la adopción de las medidas de seguridad que resulten obligatorias en cada caso.

Las empresas de seguridad encargadas de la prestación de las medidas de seguridad que les sean contratadas, serán responsables de su correcta instalación, mantenimiento y funcionamiento, sin perjuicio de la responsabilidad en que puedan incurrir sus empleados o los titulares de los establecimientos, instalaciones u organizadores obligados, si cualquier anomalía en su funcionamiento les fuera imputable.

8. Quedarán sometidos a lo establecido en esta ley y en sus disposiciones de desarrollo los usuarios que, sin estar obligados, adopten medidas de seguridad, así como quienes adopten medidas de seguridad adicionales a las obligatorias, respecto de éstas.

Artículo 52 Tipos de medidas

1. A los exclusivos efectos de esta ley, se podrán adoptar los siguientes tipos de medidas de seguridad, destinadas a la protección de personas y bienes:

-
- **a)** De seguridad física, cuya funcionalidad consiste en impedir o dificultar el acceso a determinados lugares o bienes mediante la interposición de cualquier tipo de barreras físicas.
-
- **b)** De seguridad electrónica, orientadas a detectar o advertir cualquier tipo de amenaza, peligro, presencia o intento de asalto o intrusión que pudiera producirse, mediante la activación de cualquier tipo de dispositivos electrónicos.
-
- **c)** De seguridad informática, cuyo objeto es la protección y salvaguarda de la integridad, confidencialidad y disponibilidad de los sistemas de información y comunicación, y de la información en ellos contenida.
-
- **d)** De seguridad organizativa, dirigidas a evitar o poner término a cualquier tipo de amenaza, peligro o ataque deliberado, mediante la disposición, programación o planificación de cometidos, funciones o tareas formalizadas o

ejecutadas por personas; tales como la creación, existencia y funcionamiento de departamentos de seguridad o la elaboración y aplicación de todo tipo de planes de seguridad, así como cualesquiera otras de similar naturaleza que puedan adoptarse.

-
- e) De seguridad personal, para la prestación de servicios de seguridad regulados en esta ley, distintos de los que constituyen el objeto específico de las anteriores.

2. Las características, elementos y finalidades de las medidas de seguridad de cualquier tipo, quien quiera que los utilice, se regularán reglamentariamente de acuerdo con lo previsto, en cuanto a sus grados y características, en las normas que contienen especificaciones técnicas para una actividad o producto. Asimismo dichas medidas de seguridad, medios materiales y sistemas de alarma deberán contar con la evaluación de los organismos de certificación acreditados en el momento de su instalación y tendrán vigencia indefinida, salvo deterioro o instalación de un nuevo sistema, que deberá ser conforme a la homologación que le resulte aplicable.

TÍTULO V

Control administrativo

Artículo 53 Actuaciones de control

1. Corresponde a las Fuerzas y Cuerpos de Seguridad competentes en el ejercicio de las funciones de control de las empresas, despachos de detectives, de sus servicios o actuaciones y de su personal y medios en materia de seguridad privada, el cumplimiento de las órdenes e instrucciones que se impartan por los órganos a los que se refieren los artículos 12 y 13.

2. En el ejercicio de estas funciones, los miembros de las Fuerzas y Cuerpos de Seguridad competentes podrán requerir la información pertinente y adoptar las medidas provisionales que resulten necesarias, en los términos del artículo 55.

3. Cuando en el ejercicio de las actuaciones de control se detectase la posible comisión de una infracción administrativa, se instará a la autoridad competente para la incoación del correspondiente procedimiento sancionador. Si se tratara de la posible comisión de un hecho delictivo, se pondrá inmediatamente en conocimiento de la autoridad judicial.

4. Toda persona que tuviera conocimiento de irregularidades cometidas en el ámbito de la seguridad privada podrá denunciarlas ante las autoridades o funcionarios competentes, a efectos del posible ejercicio de las actuaciones de control y sanción correspondientes.

5. El acceso por los órganos que tengan atribuida la competencia de control se limitará a los datos necesarios para la realización de la misma.

Artículo 54 Actuaciones de inspección

1. Las Fuerzas y Cuerpos de Seguridad competentes establecerán planes anuales de inspección ordinaria sobre las empresas, los despachos de detectives privados, el personal, los servicios, los establecimientos, los centros de formación, las medidas de seguridad y cualesquiera otras actividades o servicios regulados en esta ley.

2. Al margen de los citados planes de inspección, cuando recibieren denuncias sobre irregularidades cometidas en el ámbito de la seguridad privada procederán a la comprobación de los hechos denunciados y, en su caso, a instar la incoación del correspondiente procedimiento sancionador.

3. A los efectos anteriormente indicados, las empresas de seguridad, los despachos de detectives y el personal de seguridad privada, así como los establecimientos obligados a contratar servicios de seguridad privada, los centros de formación, las centrales de alarma de uso propio y los usuarios que contraten dichos servicios, habrán de facilitar a las Fuerzas y Cuerpos de Seguridad competentes el acceso a sus instalaciones y medios a efectos de inspección, así como a la información contenida en los contratos de seguridad, en los informes de investigación y en los libros-registro, en los supuestos y en la forma que reglamentariamente se determine.

4. Las actuaciones de inspección se atendrán a los principios de injerencia mínima y proporcionalidad, y tendrán por finalidad la comprobación del cumplimiento de la legislación aplicable.

5. Cuando las actuaciones de inspección recaigan sobre los servicios de investigación privada se tendrá especial cuidado en su ejecución, extremándose las cautelas en relación con las imágenes, sonidos o datos personales obtenidos que obren en el expediente de investigación. Las actuaciones se limitarán a la comprobación de su existencia, sin entrar en su contenido, salvo que se encuentre relacionado con una investigación judicial o policial o con un expediente sancionador.

6. Las inspecciones a las que se refieren los apartados anteriores se realizarán por el Cuerpo Nacional de Policía; por la Guardia Civil, en el caso de los guardas rurales y sus especialidades y centros y cursos de formación relativos a este personal; o, por el cuerpo de policía autonómica competente.

7. Siempre que el personal indicado en el apartado anterior realice una inspección, extenderá el acta correspondiente y, en el caso de existencia de infracción, se dará cuenta a la autoridad competente.

8. El acceso por los órganos que tengan atribuida la competencia de inspección se limitará a los datos necesarios para la realización de la misma.

Artículo 55 Medidas provisionales anteriores al procedimiento

1. Los miembros de las Fuerzas y Cuerpos de Seguridad competentes podrán acordar excepcionalmente las siguientes medidas provisionales anteriores a la eventual incoación de un procedimiento sancionador, dando cuenta de ello inmediatamente a la autoridad competente:

-
- **a)** La ocupación o precinto de vehículos, armas, material o equipos prohibidos, no homologados o que resulten peligrosos o perjudiciales, así como de los instrumentos y efectos de la infracción, en supuestos de grave riesgo o peligro inminente para las personas o bienes.

-
- **b)** La suspensión, junto con la intervención u ocupación de los medios o instrumentos que se estuvieren empleando, de aquellos servicios de seguridad que se estuvieren prestando sin las preceptivas garantías y formalidades legales o sin contar con la necesaria autorización o declaración responsable, o cuando puedan causar daños o perjuicios a terceros o poner en peligro la seguridad ciudadana.

-
- **c)** El cese de los servicios de seguridad cuando se constate que están siendo prestados por empresas, centrales de alarma de uso propio o despachos de detectives, no autorizados o que no hubieran presentado la declaración responsable, o por personal no habilitado o acreditado para el ejercicio legal de los mismos.

-
- **d)** El cese de la actividad docente en materia de seguridad privada, cuando se constate que los centros que la imparten, no hayan presentado la declaración responsable o el profesorado no tuviera la acreditación correspondiente.

-
- **e)** La desconexión de los sistemas de alarma cuyo mal funcionamiento causare perjuicios a la seguridad pública o molestias a terceros. Cuando se trate de establecimientos obligados a contar con esta medida de seguridad, la desconexión se suplirá mediante el establecimiento de un servicio permanente de vigilancia y protección privada.

-
- **f)** La retirada de la tarjeta de identificación profesional al personal de seguridad o de la acreditación al personal acreditado, cuando resulten detenidos por su implicación en la comisión de hechos delictivos.

-
- **g)** La suspensión, parcial o total, de las actividades de los establecimientos que sean notoriamente vulnerables y no tengan en funcionamiento las medidas de seguridad obligatorias.

2. Estas medidas habrán de ser ratificadas, modificadas o revocadas en el plazo máximo de quince días. En todo caso quedarán sin efecto si, transcurrido dicho plazo, no se incoa el procedimiento sancionador o el acuerdo de incoación no contiene un pronunciamiento expreso acerca de las mismas. El órgano competente para ratificar, revocar o modificar las medidas provisionales será el competente para incoar el procedimiento sancionador.

3. La duración de las medidas contempladas en el apartado 1, que deberá ser notificada a los interesados, no podrá exceder de seis meses.

4. Asimismo, con independencia de las responsabilidades penales o administrativas a que hubiere lugar, los miembros de las Fuerzas y Cuerpos de Seguridad competentes se harán cargo de las armas que se porten o utilicen ilegalmente, siguiendo lo dispuesto al respecto en la normativa de armas.

TÍTULO VI

Régimen sancionador

CAPÍTULO I

Infracciones

Artículo 56 Clasificación y prescripción

1. Las infracciones de las normas contenidas en esta ley podrán ser leves, graves y muy graves.

2. Las infracciones leves prescribirán a los seis meses, las graves al año y las muy graves a los dos años.

3. El plazo de prescripción se contará desde la fecha en que la infracción hubiera sido cometida. En las infracciones derivadas de una actividad continuada, la fecha inicial del cómputo será la de la finalización de la actividad o la del último acto en que la infracción se consume.

4. La prescripción se interrumpirá por la iniciación, con conocimiento del interesado, del procedimiento sancionador, volviendo a correr el plazo si el expediente permaneciera paralizado durante seis meses por causa no imputable a aquellos contra quienes se dirija.

Artículo 57 Infracciones de las empresas que desarrollen actividades de seguridad privada, de sus representantes legales, de los despachos de detectives privados y de las centrales de alarma de uso propio

Las empresas que desarrollen actividades de seguridad privada, sus representantes legales, los despachos de detectives privados y las centrales de alarma de uso propio, podrán incurrir en las siguientes infracciones:

-
  - 1. Infracciones muy graves:
    -
    - a) La prestación de servicios de seguridad privada a terceros careciendo de autorización o, en su caso, sin haber presentado la declaración responsable prevista en el artículo 18.1 y 2 para la prestación de los servicios de que se trate.
    -

- b) La contratación o utilización, en servicios de seguridad privada, de personas que carezcan de la habilitación o acreditación correspondiente.
-
- c) La realización de actividades prohibidas en el artículo 8.4, sobre reuniones o manifestaciones, conflictos políticos o laborales, control de opiniones o su expresión, o la información a terceras personas sobre bienes de cuya seguridad o investigación hubieran sido encargados, o cualquier otra forma de quebrantamiento del deber de reserva, cuando no sean constitutivas de delito y salvo que sean constitutivas de infracción a la normativa sobre protección de datos de carácter personal.
-
- d) La instalación o utilización de medios materiales o técnicos no homologados cuando la homologación sea preceptiva y sean susceptibles de causar grave daño a las personas o a los intereses generales.
-
- e) La negativa a facilitar, cuando proceda, la información contenida en los contratos de seguridad privada, en los libros-registro o el acceso a los informes de investigación privada.
-
- f) El incumplimiento de las previsiones normativas sobre adquisición y uso de armas, así como sobre disponibilidad de armeros y custodia de aquéllas, particularmente la tenencia de armas por el personal a su servicio fuera de los casos permitidos por esta ley, o la contratación de instructores de tiro que carezcan de la oportuna habilitación.
-
- g) La prestación de servicios de seguridad privada con armas de fuego fuera de lo dispuesto en esta ley.
-
- h) La negativa a prestar auxilio o colaboración a las Fuerzas y Cuerpos de Seguridad en la investigación y persecución de actos delictivos; en el descubrimiento y detención de los delincuentes; o en la realización de las funciones inspectoras o de control que les correspondan.
-
- i) El incumplimiento de la obligación que impone a los representantes legales el artículo 22.3.
-
- j) La ausencia de las medidas de seguridad obligatorias, por parte de las empresas de seguridad privada y los despachos de detectives, en sus sedes, delegaciones y sucursales.
-

- k) El incumplimiento de las condiciones de prestación de servicios establecidos por la autoridad competente en relación con el ejercicio del derecho de huelga en servicios esenciales, o en los que el servicio de seguridad se haya impuesto obligatoriamente, en los supuestos a que se refiere el artículo 8.6.
-
- l) El incumplimiento de los requisitos que impone a las empresas de seguridad el artículo 19. 1, 2 y 3, y el artículo 35.2.
-
- m) El incumplimiento de los requisitos que impone a los despachos de detectives el artículo 24. 1 y 2.
-
- n) La falta de transmisión a las Fuerzas y Cuerpos de Seguridad competentes de las alarmas reales que se registren en las centrales receptoras de alarmas privadas, incluidas las de uso propio, así como el retraso en la transmisión de las mismas, cuando estas conductas no estén justificadas.
-
- ñ) La prestación de servicios compatibles contemplados en el artículo 6.2, empleando personal no habilitado que utilice armas o medios de defensa reservados al personal de seguridad privada.
-
- o) La realización de investigaciones privadas a favor de solicitantes en los que no concurra un interés legítimo en el asunto.
-
- p) La prestación de servicios de seguridad privada sin formalizar los correspondientes contratos.
-
- q) El empleo o utilización, en servicios de seguridad privada, de medidas o de medios personales, materiales o técnicos de forma que se atente contra el derecho al honor, a la intimidad personal o familiar o a la propia imagen o al secreto de las comunicaciones, siempre que no constituyan delito.
-
- r) La falta de comunicación por parte de empresas de seguridad informática de las incidencias relativas al sistema de cuya protección sean responsables cuando sea preceptivo.
-
- s) La comisión de una tercera infracción grave o de una grave y otra muy grave en el período de dos años, habiendo sido sancionado por las anteriores.
-
- t) La prestación de actividades ajenas a las de seguridad privada, excepto las compatibles previstas en el artículo 6 de la presente ley.

-
- 2. Infracciones graves:
  -
  - a) La instalación o utilización de medios materiales o técnicos no homologados, cuando la homologación sea preceptiva.
  -
  - b) La prestación de servicios de seguridad privada con vehículos, uniformes, distintivos, armas o medios de defensa que no reúnan las características reglamentarias.
  -
  - c) La prestación de servicios de seguridad privada careciendo de los requisitos específicos de autorización o presentación de declaración responsable para la realización de dicho tipo de servicios. Esta infracción también será aplicable cuando tales servicios se lleven a cabo fuera del lugar o del ámbito territorial para el que estén autorizados o se haya presentado la declaración responsable, o careciendo de la autorización previa o de dicha declaración cuando éstas sean preceptivas, o cuando se realicen en condiciones distintas a las expresamente previstas en la autorización del servicio.
  -
  - d) La retención de la documentación profesional del personal de seguridad privada, o de la acreditación del personal acreditado.
  -
  - e) La prestación de servicios de seguridad privada sin comunicar correctamente los correspondientes contratos al Ministerio del Interior o al órgano autonómico competente, o en los casos en que la comunicación se haya producido con posterioridad al inicio del servicio.
  -
  - f) La prestación de servicios de seguridad privada sin cumplir lo estipulado en el correspondiente contrato.
  -
  - g) La falta de sustitución ante el abandono o la omisión injustificados del servicio por parte del personal de seguridad privada, dentro de la jornada laboral establecida.
  -
  - h) La utilización, en el desempeño de funciones de seguridad privada, de personal de seguridad privada, con una antigüedad mínima de un año en la empresa, que no haya realizado los correspondientes cursos de actualización o especialización, no los haya superado, o no los haya realizado con la periodicidad que reglamentariamente se determine.
  -
  - i) La falta de presentación al Ministerio del Interior o al órgano autonómico competente del certificado acreditativo de la vigencia del contrato de seguro, aval o seguro de caución en los términos

establecidos en el artículo 19.1.e) y f) y 24.2.e) y f), así como la no presentación del informe de actividades y el resumen de la cuenta anual a los que se refiere el artículo 21.1.e), o la no presentación de la memoria a la que se refiere el artículo 25.1.i)

-
- j) La comunicación de una o más falsas alarmas por negligencia, deficiente funcionamiento o falta de verificación previa.

-
- k) La apertura de delegaciones o sucursales sin obtener la autorización necesaria o sin haber presentado la declaración responsable ante el órgano competente, cuando sea preceptivo.

-
- l) La falta de comunicación al Ministerio del Interior o, en su caso, al órgano autonómico competente, de las altas y bajas del personal de seguridad privada, así como de los cambios que se produzcan en sus representantes legales y toda variación en la composición personal de los órganos de administración, gestión, representación y dirección.

-
- m) La prestación de servicio por parte del personal de seguridad privada sin la debida uniformidad o sin los medios que reglamentariamente sean exigibles.

-
- n) La no realización de las revisiones anuales obligatorias de los sistemas o medidas de seguridad cuyo mantenimiento tuvieren contratado.

-
- ñ) La carencia o falta de cumplimentación de cualquiera de los libros-registro obligatorios.

-
- o) La falta de comunicación al Ministerio del Interior o, en su caso, al órgano autonómico competente de todo cambio relativo a su personalidad o forma jurídica, denominación, número de identificación fiscal o domicilio.

-
- p) La falta de mantenimiento, en todo momento, de los requisitos establecidos para los representantes legales en el artículo 22.2.

-
- q) El deficiente funcionamiento, por parte de las empresas de seguridad privada y despachos de detectives, en sus sedes, delegaciones o sucursales, de las medidas de seguridad obligatorias, así como el incumplimiento de las revisiones obligatorias de las mismas.

-
- r) La prestación de servicios compatibles contemplados en el artículo 6.2 empleando personal no habilitado que utilice distintivos, uniformes

o medios que puedan confundirse con los del personal de seguridad privada.

- o

- o **s)** El incumplimiento de los requisitos impuestos a las empresas de seguridad informática.

- o

- o **t)** La prestación de servicios incumpliendo lo dispuesto en el artículo 19.4.

- o

- o **u)** La actuación de vigilantes de seguridad en el exterior de las instalaciones, inmuebles o propiedades de cuya vigilancia o protección estuvieran encargadas las empresas de seguridad privada con motivo de la prestación de servicios de tal naturaleza, fuera de los supuestos legalmente previstos.

- o

- o **v)** No depositar la documentación profesional sobre contratos, informes de investigación y libros-registros en las dependencias del Cuerpo Nacional de Policía o, en su caso, del cuerpo de policía autonómico competente, en caso de cierre del despacho de detectives privados.

- o

- o **w)** La comisión de una tercera infracción leve o de una grave y otra leve, en el período de dos años, habiendo recaído sanción por las anteriores.

- o

- o **x)** La publicidad de servicios de seguridad privada por parte de personas, físicas o jurídicas, carentes de la correspondiente autorización o sin haber presentado declaración responsable.

- o

- o **y)** La prestación de servicios de seguridad privada en condiciones distintas a las previstas en las comunicaciones de los correspondientes contratos.

- •

- • **3.** Infracciones leves:

  - o

  - o **a)** El incumplimiento de la periodicidad de las revisiones obligatorias de los sistemas o medidas de seguridad cuyo mantenimiento tuvieren contratado.

  - o

  - o **b)** La utilización en los servicios de seguridad privada de vehículos, uniformes o distintivos con apariencia o semejanza a los de las Fuerzas y Cuerpos de Seguridad o de las Fuerzas Armadas.

  - o

  - o **c)** La falta de diligencia en la cumplimentación de los libros-registro obligatorios.

  - o

- d) En general, el incumplimiento de los trámites, condiciones o formalidades establecidos por esta ley, siempre que no constituya infracción grave o muy grave.

Artículo 58 Infracciones del personal que desempeñe funciones de seguridad privada

El personal que desempeñe funciones de seguridad privada, así como los ingenieros, técnicos, operadores de seguridad y profesores acreditados, podrán incurrir en las siguientes infracciones:

-
- 1. Infracciones muy graves:
  -
  - a) El ejercicio de funciones de seguridad privada para terceros careciendo de la habilitación o acreditación necesaria.
  -
  - b) El incumplimiento de las previsiones contenidas en esta ley sobre tenencia de armas de fuego fuera del servicio y sobre su utilización.
  -
  - c) La falta de reserva debida sobre los hechos que conozcan en el ejercicio de sus funciones o la utilización de medios materiales o técnicos de tal forma que atenten contra el derecho al honor, a la intimidad personal o familiar, a la propia imagen o al secreto de las comunicaciones cuando no constituyan delito.
  -
  - d) La negativa a prestar auxilio o colaboración a las Fuerzas y Cuerpos de Seguridad, cuando sea procedente, en la investigación y persecución de actos delictivos; en el descubrimiento y detención de los delincuentes; o en la realización de las funciones inspectoras o de control que les correspondan.
  -
  - e) La negativa a identificarse profesionalmente, en el ejercicio de sus respectivas funciones, ante la Autoridad o sus agentes, cuando fueren requeridos para ello.
  -
  - f) La realización de investigaciones sobre delitos perseguibles de oficio o la falta de denuncia a la autoridad competente de los delitos que conozcan los detectives privados en el ejercicio de sus funciones.
  -
  - g) La realización de actividades prohibidas en el artículo 8.4 sobre reuniones o manifestaciones, conflictos políticos y laborales, control de opiniones o su expresión, o la información a terceras personas sobre bienes de cuya seguridad estén encargados, en el caso de que no sean constitutivas de delito; salvo que sean constitutivas infracción a la normativa sobre protección de datos de carácter personal.
  -

- o **h)** El ejercicio abusivo de sus funciones en relación con los ciudadanos.
- o
- o **i)** La realización, orden o tolerancia, en el ejercicio de su actuación profesional, de prácticas abusivas, arbitrarias o discriminatorias, incluido el acoso, que entrañen violencia física o moral, cuando no constituyan delito.
- o
- o **j)** El abandono o la omisión injustificados del servicio por parte del personal de seguridad privada, dentro de la jornada laboral establecida.
- o
- o **k)** La elaboración de proyectos o ejecución de instalaciones o mantenimientos de sistemas de seguridad conectados a centrales receptoras de alarmas, centros de control o de videovigilancia, sin disponer de la acreditación correspondiente expedida por el Ministerio del Interior.
- o
- o **l)** La no realización del informe de investigación que preceptivamente deben elaborar los detectives privados o su no entrega al contratante del servicio, o la elaboración de informes paralelos.
- o
- o **m)** El ejercicio de funciones de seguridad privada por parte del personal a que se refiere el artículo 28.3 y 4.
- o
- o **n)** La comisión de una tercera infracción grave o de una grave y otra muy grave en el período de dos años, habiendo sido sancionado por las anteriores.
- •
- • **2.** Infracciones graves:
  - o
  - o **a)** La realización de funciones de seguridad privada que excedan de la habilitación obtenida.
  - o
  - o **b)** El ejercicio de funciones de seguridad privada por personal habilitado, no integrado en empresas de seguridad privada, o en la plantilla de la empresa, cuando resulte preceptivo conforme a lo dispuesto en el artículo 38.5, o al margen de los despachos de detectives.
  - o
  - o **c)** La falta de respeto al honor o a la dignidad de las personas.
  - o
  - o **d)** El ejercicio del derecho a la huelga al margen de lo dispuesto al respecto para los servicios que resulten o se declaren esenciales por la autoridad pública competente, o en los que el servicio de seguridad se

haya impuesto obligatoriamente, en los supuestos a que se refiere el artículo 8.6.

- e) La no identificación profesional, en el ejercicio de sus respectivas funciones, cuando fueren requeridos para ello por los ciudadanos.

- f) La retención de la documentación personal en contra de lo previsto en el artículo 32.1.b).

- g) La falta de diligencia en el cumplimiento de las respectivas funciones por parte del personal habilitado o acreditado.

- h) La identificación profesional haciendo uso de documentos o distintivos diferentes a los dispuestos legalmente para ello o acompañando éstos con emblemas o distintivos de apariencia semejante a los de las Fuerzas y Cuerpos de Seguridad o de las Fuerzas Armadas.

- i) La negativa a realizar los cursos de formación permanente a los que vienen obligados.

- j) La elaboración de proyectos o ejecución de instalaciones o mantenimientos de sistemas de seguridad conectados a centrales receptoras de alarmas, centros de control o de videovigilancia, no ajustados a las normas técnicas reglamentariamente establecidas.

- k) La omisión, total o parcial, de los datos que obligatoriamente debe contener el informe de investigación que deben elaborar los detectives privados.

- l) El ejercicio de funciones de seguridad privada incompatibles entre sí, por parte de personal habilitado para ellas.

- m) La comisión de una tercera infracción leve o de una grave y otra leve, en el período de dos años, habiendo recaído sanción por las anteriores.

- n) La validación provisional de sistemas o medidas de seguridad que no se adecuen a la normativa de seguridad privada.

- 3. Infracciones leves:

  - a) La actuación sin la debida uniformidad o medios, que reglamentariamente sean exigibles, o sin portar los distintivos o la documentación profesional, así como la correspondiente al arma de fuego utilizada en la prestación del servicio encomendado.

- ○
- ○ **b)** El trato incorrecto o desconsiderado con los ciudadanos.
- ○
- ○ **c)** La no cumplimentación, total o parcial, por parte de los técnicos acreditados, del documento justificativo de las revisiones obligatorias de los sistemas de seguridad conectados a centrales receptoras de alarmas, centros de control o de videovigilancia.
- ○
- ○ **d)** En general, el incumplimiento de los trámites, condiciones o formalidades establecidos por esta ley, siempre que no constituya infracción grave o muy grave.

Artículo 59 Infracciones de los usuarios y centros de formación

Los usuarios de servicios de seguridad privada y los centros de formación de personal de seguridad privada podrán incurrir en las siguientes infracciones:

- ●
- ● 1. Muy graves:
    - ○
    - ○ **a)** La contratación o utilización a sabiendas de los servicios de empresas de seguridad o despachos de detectives carentes de la autorización específica o declaración responsable necesaria para el desarrollo de los servicios de seguridad privada.
    - ○
    - ○ **b)** La utilización de aparatos de alarmas u otros dispositivos de seguridad no homologados cuando fueran susceptibles de causar grave daño a las personas o a los intereses generales.
    - ○
    - ○ **c)** El incumplimiento, por parte de los centros de formación, de los requisitos y condiciones exigidos en la declaración responsable, o impartir cursos sin haberla presentado.
    - ○
    - ○ **d)** La negativa a prestar auxilio o colaboración a las Fuerzas y Cuerpos de Seguridad competentes en la realización de las funciones inspectoras de las medidas de seguridad, de los centros de formación y de los establecimientos obligados.
    - ○
    - ○ **e)** La no adecuación de los cursos que se impartan en los centros de formación a lo previsto reglamentariamente en cuanto a su duración, modalidades y contenido.
    - ○
    - ○ **f)** La falta de adopción o instalación de las medidas de seguridad que resulten obligatorias.

- o
- o **g)** La falta de comunicación de las incidencias detectadas y confirmadas en su centro de control de la seguridad de la información y las comunicaciones, cuando sea preceptivo.
- o
- o **h)** La contratación o utilización a sabiendas de personas carentes de la habilitación o acreditación necesarias para la prestación de servicios de seguridad o la utilización de personal docente no acreditado en actividades de formación.
- o
- o **i)** La comisión de una tercera infracción grave o de una grave y otra muy grave en el período de dos años, habiendo sido sancionado por las anteriores.
- o
- o **j)** La entrada en funcionamiento, sin previa autorización, de centrales receptoras de alarmas de uso propio por parte de entidades públicas o privadas.
- o
- o **k)** Obligar a personal habilitado contratado a realizar otras funciones distintas a aquellas para las que fue contratado.
- •
- • **2. Graves:**
  - o
  - o **a)** El incumplimiento de las revisiones preceptivas de los sistemas o medidas de seguridad obligatorias que tengan instalados.
  - o
  - o **b)** La utilización de aparatos de alarma u otros dispositivos de seguridad no homologados.
  - o
  - o **c)** La no comunicación al órgano competente de las modificaciones que afecten a cualquiera de los requisitos que dieron lugar a la autorización de los centros de formación.
  - o
  - o **d)** La impartición de los cursos de formación fuera de las instalaciones autorizadas de los centros de formación.
  - o
  - o **e)** El anormal funcionamiento de las medidas de seguridad obligatorias adoptadas o instaladas cuando ocasionen perjuicios a la seguridad pública o a terceros.
  - o
  - o **f)** La utilización de personal docente no acreditado en actividades de formación.
  - o

- - g) La comisión de una tercera infracción leve o de una grave y otra leve, en el período de dos años, habiendo recaído sanción por las anteriores.
  -
  - h) El incumplimiento, por parte de los usuarios de seguridad privada, de la obligación de situar al frente de la seguridad integral de la entidad, empresa o grupo empresarial a un director de seguridad, en contra de lo previsto en el artículo 36.2.
-
- 3. Leves:
  -
  - a) La utilización de aparatos o dispositivos de seguridad sin ajustarse a las normas que los regulen, o cuando su funcionamiento cause daños o molestias desproporcionados a terceros.
  -
  - b) El anormal funcionamiento de las medidas o sistemas de seguridad que se tengan instalados.
  -
  - c) Las irregularidades en la cumplimentación de los registros prevenidos.
  -
  - d) En general, el incumplimiento de las obligaciones contenidas en esta ley que no constituya infracción grave o muy grave.

Artículo 60 Colaboración reglamentaria

Las disposiciones reglamentarias de desarrollo podrán introducir especificaciones o graduaciones en el cuadro de las infracciones y sanciones establecidas en esta ley que, sin constituir nuevas infracciones o sanciones, ni alterar la naturaleza o límites de las que en ella se contemplan, contribuyan a la más correcta identificación de las conductas o a la más precisa determinación de las sanciones correspondientes.

CAPÍTULO II

Sanciones

Artículo 61 Sanciones a las empresas que desarrollen actividades de seguridad privada, sus representantes legales, los despachos de detectives privados y las centrales de alarma de uso propio

Las autoridades competentes podrán imponer, por la comisión de las infracciones tipificadas en el artículo 57, las siguientes sanciones:

-
- 1. Por la comisión de infracciones muy graves:
  -
  - a) Multa de 30.001 a 600.000 euros.
  -

- b) Extinción de la autorización, o cierre de la empresa o despacho en los casos de declaración responsable, que comportará la prohibición de volver a obtenerla o presentarla, respectivamente, por un plazo de entre uno y dos años, y cancelación de la inscripción en el registro correspondiente.
  -
  - c) Prohibición para ocupar cargos de representación legal en empresas de seguridad privada por un plazo de entre uno y dos años.
-
- 2. Por la comisión de infracciones graves:
  -
  - a) Multa de 3.001 a 30.000 euros.
  -
  - b) Suspensión temporal de la autorización o de la declaración responsable por un plazo de entre seis meses y un año.
  -
  - c) Prohibición para ocupar cargos de representación legal en empresas de seguridad privada por un plazo de entre seis meses y un año.
-
- 3. Por la comisión de infracciones leves:
  -
  - a) Apercibimiento.
  -
  - b) Multa de 300 a 3.000 euros.

Artículo 62 Sanciones al personal

Las autoridades competentes podrán imponer, por la comisión de las infracciones tipificadas en el artículo 58, las siguientes sanciones:

-
- 1. Por la comisión de infracciones muy graves:
  -
  - a) Multa de 6.001 a 30.000 euros.
  -
  - b) Extinción de la habilitación, que comportará la prohibición de volver a obtenerla por un plazo de entre uno y dos años, y cancelación de la inscripción en el Registro Nacional.
-
- 2. Por la comisión de infracciones graves:
  -
  - a) Multa de 1.001 a 6.000 euros.
  -
  - b) Suspensión temporal de la habilitación por un plazo de entre seis meses y un año.
-

- **3.** Por la comisión de infracciones leves:
    - ○
    - ○ **a)** Apercibimiento.
    - ○
    - ○ **b)** Multa de 300 a 1.000 euros.

Artículo 63 Sanciones a usuarios y centros de formación

Las autoridades competentes podrán imponer, por la comisión de las infracciones tipificadas en el artículo 59, las siguientes sanciones:

-
- **1.** Por la comisión de infracciones muy graves:
    - ○
    - ○ **a)** Multa de 20.001 a 100.000 euros.
    - ○
    - ○ **b)** Cierre del centro de formación, que comportará la prohibición de volver a presentar la declaración responsable para su apertura por un plazo de entre uno y dos años, y cancelación de la inscripción en el registro correspondiente.
    - ○
    - ○ **c)** La clausura, desde seis meses y un día a dos años, de los establecimientos que no tengan en funcionamiento las medidas de seguridad obligatorias.
-
- **2.** Por la comisión de infracciones graves:
    - ○
    - ○ **a)** Multa de 3.001 a 20.000 euros.
    - ○
    - ○ **b)** Suspensión temporal de la declaración responsable del centro de formación por un plazo de entre seis meses y un año.
-
- **3.** Por la comisión de infracciones leves:
    - ○
    - ○ **a)** Apercibimiento.
    - ○
    - ○ **b)** Multa de 300 a 3.000 euros.

Artículo 64 Graduación de las sanciones

Para la graduación de las sanciones, los órganos competentes tendrán en cuenta la gravedad y trascendencia del hecho, el posible perjuicio para el interés público, la situación de riesgo creada o mantenida para personas o bienes, la reincidencia, la intencionalidad, el volumen de actividad de la empresa de seguridad, despacho de detectives, centro de formación o establecimiento contra el que se dicte la resolución sancionadora, y la capacidad económica del infractor.

Artículo 65 Aplicación de las sanciones

1. Las sanciones previstas en esta ley podrán aplicarse de forma alternativa o acumulativa.

2. La aplicación de sanciones pecuniarias tenderá a evitar que la comisión de las infracciones tipificadas no resulte más beneficiosa para el infractor que el cumplimiento de las normas infringidas.

Artículo 66 Competencia sancionadora

1. En el ámbito de la Administración General del Estado, la potestad sancionadora corresponderá:

-
  - a) Al Ministro del Interior, para imponer las sanciones de extinción de las autorizaciones, habilitaciones y declaraciones responsables.
-
  - b) Al Secretario de Estado de Seguridad, para imponer las restantes sanciones por infracciones muy graves.
-
  - c) Al Director General de la Policía, para imponer las sanciones por infracciones graves.
    Cuando, en el curso de las inspecciones por parte de la Guardia Civil de los cursos para guardas rurales, impartidos por centros de formación no exclusivos de éstos, se detecten posibles infracciones, la sanción corresponderá al Director General de la Policía.

-
  - d) Al Director General de la Guardia Civil, para imponer las sanciones por infracciones graves en relación con los guardas rurales y centros y cursos de formación exclusivos para este personal.
-
  - e) A los Delegados y a los Subdelegados del Gobierno, para imponer las sanciones por infracciones leves.

2. En el ámbito de las comunidades autónomas con competencia en materia de seguridad privada, la potestad sancionadora corresponderá a los titulares de los órganos que se determinen en cada caso.

3. Contra las resoluciones sancionadoras se podrán interponer los recursos previstos en la legislación de procedimiento administrativo y en la de la jurisdicción contencioso-administrativa.

Artículo 67 Decomiso del material

El material prohibido, no homologado o indebidamente utilizado en servicios de seguridad privada, será decomisado y se procederá a su destrucción si no fuera de lícito comercio, o a su enajenación en otro caso, quedando en depósito la cantidad que se obtuviera para hacer frente a las responsabilidades administrativas o de otro orden en que se haya podido incurrir.

1. Las sanciones impuestas por infracciones leves, graves o muy graves prescribirán, respectivamente, al año, a los dos años y a los cuatro años.

2. El plazo de prescripción comenzará a contarse desde el día siguiente a aquel en que sea firme la resolución por la que se impone la sanción, si ésta no se hubiese comenzado a ejecutar, o desde que se quebrantase el cumplimiento de la misma, si hubiese comenzado, y se interrumpirá desde que se comience o se reanude la ejecución o cumplimiento.

CAPÍTULO III

Procedimiento

Artículo 69 Medidas cautelares

1. Iniciado el procedimiento sancionador, el órgano que haya ordenado su incoación podrá adoptar las medidas cautelares necesarias para garantizar su adecuada instrucción, así como para evitar la continuación de la infracción o asegurar el pago de la sanción, en el caso de que ésta fuese pecuniaria, y el cumplimiento de la misma en los demás supuestos.

2. Dichas medidas, que deberán ser congruentes con la naturaleza de la presunta infracción y proporcionadas a la gravedad de la misma, podrán consistir en:

-
  - a) La ocupación o precinto de vehículos, armas, material o equipo prohibido, no homologado o que resulte peligroso o perjudicial, así como de los instrumentos y efectos de la infracción.

-
  - b) La retirada preventiva de las autorizaciones, habilitaciones, permisos o licencias, o la suspensión, en su caso, de la eficacia de las declaraciones responsables.

-
  - c) La suspensión de la habilitación del personal de seguridad privada y, en su caso, de la tramitación del procedimiento para el otorgamiento de aquélla, mientras dure la instrucción de expedientes por infracciones graves o muy graves en materia de seguridad privada.

También podrán ser suspendidas las indicadas habilitación y tramitación, hasta tanto finalice el proceso por delitos contra dicho personal.

3. Las medidas cautelares previstas en los párrafos b) y c) del apartado anterior no podrán tener una duración superior a un año.

Artículo 70 Ejecutoriedad

1. Las sanciones impuestas serán inmediatamente ejecutivas desde que la resolución adquiera firmeza en vía administrativa.

2. Cuando la sanción sea de naturaleza pecuniaria y no se haya previsto plazo para satisfacerla, la autoridad que la impuso lo señalará, sin que pueda ser inferior a quince ni superior a treinta días hábiles, pudiendo acordarse el fraccionamiento del pago.

3. En los casos de suspensión temporal y extinción de la eficacia de autorizaciones, habilitaciones o declaraciones responsables y prohibición del ejercicio de la representación legal de las empresas, la autoridad sancionadora señalará un plazo de ejecución suficiente, que no podrá ser inferior a quince días hábiles ni superior a dos meses, oyendo al sancionado y a los terceros que pudieran resultar directamente afectados.

Artículo 71 Publicidad de las sanciones

Las sanciones, así como los nombres, apellidos, denominación o razón social de las personas físicas o jurídicas responsables de la comisión de infracciones muy graves, cuando hayan adquirido firmeza en vía administrativa, podrán ser hechas públicas, en virtud de acuerdo de la autoridad competente para su imposición, siempre que concurra riesgo para la seguridad de los usuarios o ciudadanos, reincidencia en infracciones de naturaleza análoga o acreditada intencionalidad.

Artículo 72 Multas coercitivas

1. Para lograr el cumplimiento de las resoluciones sancionadoras, las autoridades competentes relacionadas en el artículo 66 podrán imponer multas coercitivas, de acuerdo con lo establecido en la legislación de procedimiento administrativo.

2. La cuantía de estas multas no excederá de 6.000 euros, pero podrá aumentarse sucesivamente en el 50 por 100 de la cantidad anterior en casos de reiteración del incumplimiento.

3. Las multas coercitivas serán independientes de las sanciones pecuniarias que puedan imponerse y compatibles con ellas.

DISPOSICIONES ADICIONALES

Disposición adicional primera Comercialización de productos

En la comercialización de productos provenientes de los Estados miembros de la Unión Europea, del Espacio Económico Europeo o de cualquier tercer país con el que la Unión Europea tenga un acuerdo de asociación y que estén sometidos a reglamentaciones nacionales de seguridad, equivalentes a la reglamentación española de seguridad privada, se atenderá a los estándares previstos por las entidades de certificación acreditadas que ofrezcan, a través de su administración pública competente, garantías técnicas profesionales y de independencia e imparcialidad equivalentes a las exigidas por la legislación española, y a que las disposiciones del Estado, con base en las que se evalúa la conformidad, comporten un nivel de seguridad equivalente al exigido por las disposiciones legales aplicables.

Disposición adicional segunda Contratación de servicios de seguridad privada por las administraciones públicas

1. En consideración a la relevancia para la seguridad pública de los servicios de seguridad privada, de conformidad con el artículo 118 del texto refundido de la Ley de Contratos del Sector Público, aprobado por el Real Decreto Legislativo 3/2011, de 14 de noviembre, los órganos de contratación de las administraciones públicas podrán establecer condiciones especiales de ejecución de los contratos de servicios de seguridad relacionadas con el cumplimiento de las obligaciones laborales por parte de las empresas de seguridad privada contratistas.

2. Los pliegos de cláusulas administrativas particulares o los contratos podrán establecer penalidades para el caso de incumplimiento de estas condiciones especiales de ejecución, o atribuirles el carácter de obligaciones contractuales esenciales a los efectos de la resolución de los contratos, de acuerdo con los artículos 212.1 y 223.f).

Disposición adicional tercera Cooperación administrativa

En consideración a la relevancia para la seguridad pública de los servicios de seguridad privada, los órganos competentes en materia policial, tributaria, laboral y de seguridad social establecerán mecanismos de información, control e inspección conjunta en relación con las empresas de seguridad privada para evitar el fraude y el intrusismo.

DISPOSICIONES TRANSITORIAS

Disposición transitoria primera Habilitaciones profesionales anteriores a la entrada en vigor de esta ley

1. Las habilitaciones del personal de seguridad privada obtenidas antes de la entrada en vigor de esta ley mantendrán su validez sin necesidad de convalidación o canje alguno.

2. Las habilitaciones correspondientes a los guardas particulares del campo se entenderán hechas a la nueva categoría de guardas rurales.

Disposición transitoria segunda Personal de centrales receptoras de alarmas

Quienes a la entrada en vigor de esta ley estuvieran desempeñando su actividad en centrales receptoras de alarmas, podrán continuar desarrollando sus funciones sin necesidad de obtener ninguna acreditación específica.

Disposición transitoria tercera Ingenieros y técnicos de las empresas de seguridad

Los ingenieros y técnicos encuadrados, en el momento de entrada en vigor de esta ley, en empresas de seguridad autorizadas para la actividad de instalación y mantenimiento de sistemas de seguridad contemplada en el artículo 5.1.f) podrán continuar desarrollando sus funciones sin necesidad de obtener la acreditación específica a la que se refiere el artículo 19.1.c).

Disposición transitoria cuarta Plazos de adecuación

1. Las empresas de seguridad privada y sus delegaciones, los despachos de detectives privados y sus sucursales, las medidas de seguridad adoptadas y el material o equipo en uso a la entrada en vigor de esta ley de acuerdo con la normativa anterior, pero que

no cumplan, total o parcialmente, los requisitos o exigencias establecidos en esta ley y en sus normas de desarrollo, deberán adaptarse a tales requisitos y exigencias, dentro de los siguientes plazos de adecuación, computados a partir de su entrada en vigor:

-
  - **a)** Dos años respecto a los requisitos nuevos de las empresas de seguridad privada y sus delegaciones y de los despachos de detectives privados y sus sucursales.
-
  - **b)** Diez años para las medidas de seguridad electrónicas de las empresas de seguridad, de los establecimientos obligados y de las instalaciones de los usuarios no obligados.
-
  - **c)** Un año para la obtención de la certificación prevista en el artículo 19.4.

2. Las medidas de seguridad física instaladas con anterioridad a la entrada en vigor de esta ley tendrán una validez indefinida, hasta el final de su vida útil; no obstante, deberán ser actualizadas en caso de resultar afectadas por reformas estructurales de los sistemas de seguridad de los que formen parte.

3. Los sistemas de seguridad y los elementos de seguridad física, electrónica e informática que se instalen a partir de la entrada en vigor de esta ley deberán cumplir todas las exigencias y requisitos establecidos en la misma y en su normativa de desarrollo.

Disposición transitoria quinta Actividad de planificación y asesoramiento

1. Las empresas de seguridad autorizadas e inscritas únicamente para la actividad de planificación y asesoramiento contemplada en el artículo 5.1.g) de la Ley 23/1992, de 30 de julio, de Seguridad Privada, dispondrán de un plazo de tres meses, desde la entrada en vigor de esta ley, para solicitar autorización para cualquiera de las actividades enumeradas en el artículo 5.1 de la misma, excepto la contemplada en el párrafo h).

2. Las empresas de seguridad referidas en el apartado anterior que, transcurrido dicho plazo, no hubieran solicitado la mencionada autorización, serán dadas de baja de oficio, cancelándose su inscripción en el Registro Nacional de Seguridad Privada y, en su caso, en el registro autonómico correspondiente.

3. En el caso de las empresas de seguridad que, a la entrada en vigor de esta ley, estuvieran autorizadas e inscritas para la actividad de planificación y asesoramiento y, además, para cualquier otra contemplada en el artículo 5.1, se cancelará de oficio su inscripción y autorización en el Registro Nacional de Seguridad Privada y, en su caso, en el registro autonómico correspondiente únicamente respecto a dicha actividad de planificación y asesoramiento.

4. Las empresas de seguridad referidas en el apartado anterior dispondrán de un plazo de un año, desde la entrada en vigor de esta ley, para adecuar los respectivos importes del seguro de responsabilidad civil u otra garantía financiera, así como del aval o seguro de caución, en función de las actividades para las que continúen autorizadas e inscritas en los registros correspondientes.

5. Los procedimientos administrativos que, a la entrada en vigor de esta ley, se estuvieran tramitando en relación con la solicitud de autorización e inscripción para desarrollar únicamente la referida actividad de planificación y asesoramiento se darán por terminados, procediéndose al archivo de las actuaciones.

6. Los procedimientos administrativos que, a la entrada en vigor de esta ley, se estuvieran tramitando en relación con la solicitud de autorización para desarrollar actividades de seguridad privada entre las que se incluya la referida actividad de planificación y asesoramiento, continuarán su tramitación en relación exclusivamente con el resto de actividades solicitadas.

Disposición derogatoria única Derogación normativa

1. Queda derogada la Ley 23/1992, de 30 de julio, de Seguridad Privada, y cuantas normas de igual o inferior rango se opongan a lo dispuesto en esta ley.

2. El Reglamento de Seguridad Privada, aprobado por el Real Decreto 2364/1994, de 9 de diciembre, y el resto de la normativa de desarrollo de la Ley 23/1992, de 30 de julio, y del propio Reglamento mantendrán su vigencia en lo que no contravenga a esta ley.

DISPOSICIONES FINALES

Disposición final primera Título competencial

Esta ley se dicta al amparo de lo dispuesto en el artículo 149.1.29.ª de la Constitución, que atribuye al Estado la competencia exclusiva en materia de seguridad pública.

Disposición final segunda Procedimiento administrativo

En todo lo no regulado expresamente en esta ley se aplicará la legislación sobre procedimiento administrativo.

Disposición final tercera Desarrollo normativo

1. El Gobierno, a propuesta del Ministro del Interior, dictará las disposiciones reglamentarias que sean precisas para el desarrollo y ejecución de lo dispuesto en esta ley, y concretamente para determinar:

-
- a) Los requisitos y características que han de reunir las empresas y entidades objeto de regulación.
-
- b) Las condiciones que deben cumplirse en la realización de actividades de seguridad privada y en la prestación de servicios de esta naturaleza.
-

- c) Las características que han de reunir las medidas de seguridad privada y los medios técnicos y materiales utilizados en las actividades y servicios de seguridad privada.
-
- d) Las funciones, deberes, responsabilidades y cualificación del personal de seguridad privada y del personal acreditado.
-
- e) El régimen de habilitación y acreditación de dicho personal.
-
- f) Los órganos del Ministerio del Interior competentes, en cada caso, para el desempeño de las distintas funciones.

2. Se faculta, asimismo, al Gobierno para actualizar la cuantía de las multas, de acuerdo con las variaciones del indicador público de renta de efectos múltiples.

Disposición final cuarta Entrada en vigor

Esta ley entrará en vigor a los dos meses de su publicación en el «Boletín Oficial del Estado».

Por tanto,

Mando a todos los españoles, particulares y autoridades, que guarden y hagan guardar esta ley.

Posibles lesiones en los vigilantes de seguridad en el desempeño de sus funciones

Hola amigos:

Aunque esto no sea un foro de medicina, y solo por experiencia me gustaría contaros un poco el proceso de una operación sencilla pero dolorosa como puede ser una operación de hernia inguinal que nos puede suceder a cualquier vigilante estando de servicio y que tengamos que intervenir ante cualquier incidencia.

Los vigilantes de seguridad, podemos pasar de estar fríos y con musculatura casi agarrotada por el tiempo que permanecemos de pie a tener que intervenir y ponernos a cien de pulsaciones ante una intervención más o menos delicada contra algún individuo que nos de la noche, el día o el rato de servicio si es en un lugar público como pueden ser hospitales, hoteles etc.

Es un riesgo por un esfuerzo que hacemos en décimas de segundo sin calentamiento previo y que nos puede producir un desgarro en los tejidos internos de cualquier parte del cuerpo, principalmente las ingles, la barriga etc y que pueden producir una hernia que tendremos que operar queramos o no, ya que de lo contrario correremos el riesgo de estrangulamiento de la misma.

A mí al menos, la sensación que tengo es que mi lesión la hice en un servicio en conciertos donde tuvimos bastantes intervenciones y en una de ellas note un crujir con dolor de esa zona y desde ahí hasta que me operaron ha pasado un año aproximadamente.

Decir que los vigilantes es un riesgo que tenemos aparte de los muchos que podemos tener cotidianamente pero este es el que nos puede perjudicar más , ya que las bajas suelen ser de entre un mes y mes y medio aproximadamente dependiendo del tipo de lesión y de la persona, ni cada hernia es igual , ni cada persona tampoco.

No queriendo hacer un post demasiado largo, es inevitable que pase por algunos puntos y detalles importantes.
Suelen decir a los que preguntes antes de la operación y que ya han sido operados con tiempo, y que además parecen ser todos cortos de memoria, suelen decir que no te preocupes que no es nada, que ni te enteras y que lo único es que estas en casa casi un mes.

Bueno, si os vais a operar alguna vez de una hernia inguinal, lo primero que tenéis que hacer es no preguntarle a nadie nada salvo a vuestro médico o cirujano que os operara,

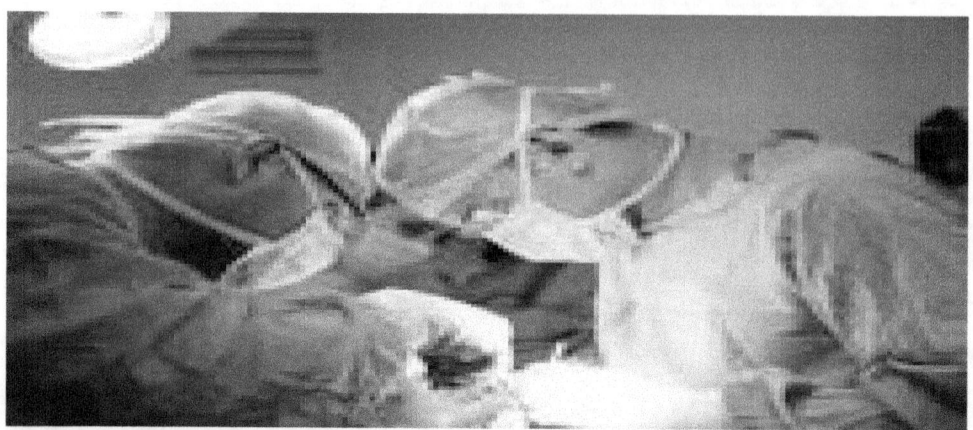

Porque todos los demás casi siempre os dirán tonterías que no vienen al caso, como las mencionadas anteriormente, que no hace nada, que no duele y más.

Bueno, decir en plan resumido que en el preoperatorio te vas al hospital después de un año casi en lista de espera, que en el hospital te realizan unas pruebas, de sangre, y corazón básicamente.
Que tienes unas visitas previas con el cirujano y antes con el anestesista, donde te informan aproximadamente en que consiste la operación etc, además de hacerte algunas preguntas.

Bueno llega el día de la operación, paso a una habitación me pongo una bata hospitalaria, me preparan, y a las 10 de la mañana me vienen a buscar, en una camilla hasta la sala de reanimación donde te hacen pruebas y te ponen la guía en las venas, además del suero.

Te llevan a quirófano a la media hora de estar ahí y ver tus presiones y latidos, llegas a quirófano convencido de que te ponen una epidural como así me informaron y resulta que te duermen todo, algo que yo agradecí, a la que había contado tres ya estaba roncando jejeje, me despierto en animación o cuidados y recuerdo que ha sido uno de mis mejores sueños que nunca he tenido, he dormido plácidamente y con ganas.

Estoy una hora en reanimación y al cabo de una hora me bajan a planta, a la habitación y recuerdo que el dolor era tremendo, parecía que tuviera un enano con un soplete quemándome los cataplines y alrededor, por más calmante que me metieran el dolor era insoportable.

Es muy importante estar acompañado de alguien porque al levantarte de la cama para ir al baño te dan mareos y te puedes ir por los suelos, es una operación sencilla pero una operación al fin y al cabo.

A las 20 h de la tarde me dan el alta hospitalaria y con taxi de estos monovolumen, alto, recomendable, para casa y hasta ahora.
Decir que los primeros cuatro días solo tienes ganas de estar sentado, no tienes apenas hambre y te cuesta ir al baño, cualquier gesto es doloroso, aunque te tomas tres clases de calmantes diferentes.

La herida te la tienes que curar tú al tercer día ya que hay que descubrirla y ducharte y lavarlo bien lavado.
Al quinto día ya notas una mejoría pero la hinchazón en la zona y, estómago etc sigue ahí todavía.

A los 8 días aproximadamente normalmente ya puedes conducir y hasta el mes y medio no se debe tocar peso.

He querido resumir los pormenores, pero lo importante de este relato es que en las intervenciones es muy fácil que acabemos con desgarros internos que pueden producir hernias que habrá que operar y que son muy dolorosas a pesar de lo que os digan los valientes.

Aquí contaremos como indica el título del post como es " Un día en mi pellejo " me refiero a un día en nuestro servicio desde que iniciamos hasta que finalizamos . No hace falta que os diga que no hay que entrar en detalles que pueden comprometeros con el trabajo.

Llego a la empresa, voy al vestuario, me pongo el polo (Ya vengo medio vestido de casa) cojo el chaleco de la taquilla y el ceñidor. Subo, me fumo un cigarro (Tengo 20 minutos para tal menester porque llego pronto) recojo el arma, la alimento y me la pongo en el cinto. Hablo con uno, hablo con otro. Llega mi escolta y mi conductor. Cuando entra el conductor con el camión al box, entramos el escolta y yo. Me entregan, las hojas de ruta, las llaves , la pasta. Compruebo que están todas las llaves, repaso la moneda y verifico el billete. Mientras el escolta lo va colocando todo en el camión y el conductor va haciendo la ruta.

Salimos del box , hacemos la cobertura al salir de base , subimos al camión . Hoy llevamos mucha faena ,más de 40 paradas . Vamos haciendo servicios , uno detrás de otro , cada dos o tres servicios , preparo otros 3 servicios , unos llevan billete , otros moneda , otros moneda extranjera , otros solo recogida , otros lo llevan todo a la vez , unos van con llave maestra , otros con llave propia , unos son maquinas y otros son cajeros , cada uno con su código y demás.

Un servicio detrás de otro subiendo y bajando del camión , haciendo la cobertura , cargando kilos y kilos de moneda al cabo del día . Todo tiene que ser perfecto , todo tiene que cuadrar . No me puedo dejar una llave , no puedo dejar un bulto demás o de menos , hay que vigilar mucho para que nos peguen un tiro . Llevamos los caramelos.

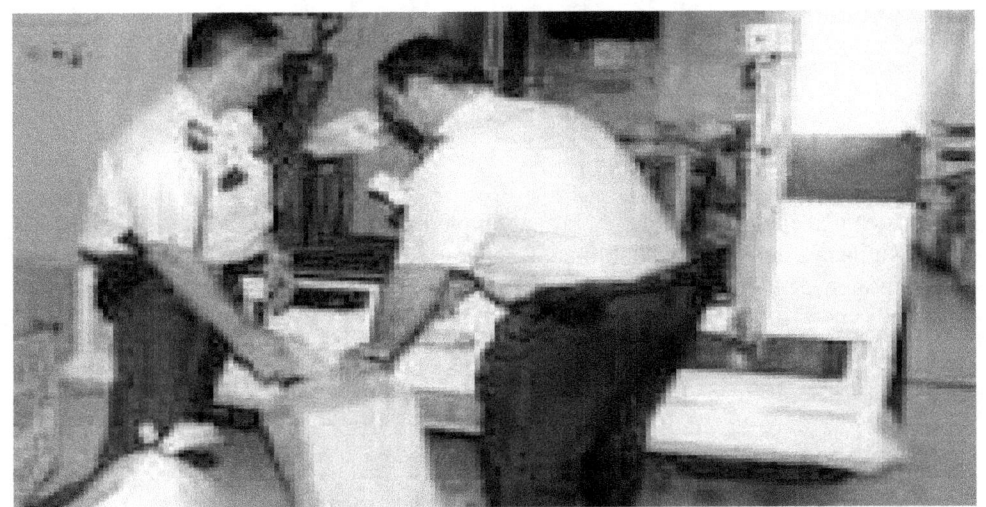

Dentro del camión , todo es hierro . Un frenazo del conductor y te puedes abrir la cabeza fácilmente. La altura dentro de el habitáculo no supera los 90 cm. Tienes que doblar la espalda en una postura anti ergonómica u ponerte de rodillas para preparar la moneda , sudas , etc.

Cuando acaba la ruta , vuelves a base. La hora de la verdad. Llegas al box y rezas porque no te falte nada y todo este cuadrado. Sabes que un error y te tiraran a la calle sin miramientos.

AL finalizar todo cuando te dan la hoja conforme todo esta Ok , puedes respirar y dar un pequeño salto de alegría , pero pequeño , porque sabes que al día siguiente volverás al estrés y la ansiedad.

Me gusta mi trabajo , pero resulta peligroso y muy estresante.

Este es el día a día pues contado de una manera simple de los vigilantes de transporte de fondos, a quien se quiera aventurar en este oficio y pueda, solo un consejo… te tiene que gustar mucho.

Jordi Palomera

Estamos en una época propicia para buscar empleo de lo que nos gusta, aquellos que somos vigilantes de seguridad habilitados podemos estar seguros que a poco que busquemos en estas fechas algo podemos encontrar y es tan sencillo como lo siguiente.

Abren hoteles, muchos hoteles abiertos , donde en muchos casos deben contratar seguridad privada de la buena , de la de verdad, lo que significa vigilantes de seguridad habilitados y preparados para atender las incidencias de servicios con mucho público usuario de los servicios que les pueda prestar el hotel como piscina, zona deportiva, zona nocturna en algunos casos algunos hoteles disponen de discoteca propia donde pueden ocasionarse fricciones entre usuarios de las mismas.

El vigilante en esos lugares de vacaciones de miles de turistas nacionales o extranjeros tiene una operativa de servicio bastante definida, aunque suele suceder también todo lo contrario , simplemente que no haya ninguna y tenga que ir adaptando su servicio a las necesidades diarias o posibles incidencias de servicio.

Todos los que estamos en esta profesión y hemos hecho servicios en hoteles sabemos que lo mejor es disponer de una operativa real y lógica acorde al establecimiento a prestar.

No sirve de mucho que te pongan en un hotel a hacer rondas todo el día en puntos de marcaje básicamente porque está demostrado que resulta harto inútil y además no sirve para nada , aunque seguramente si esto mismo se lo preguntáramos a algún mando intermedio de alguna empresa de seguridad que antes fue vigilante posiblemente te dirá todo lo contrario, pero opiniones hay para todos los gustos y son todas respetables .

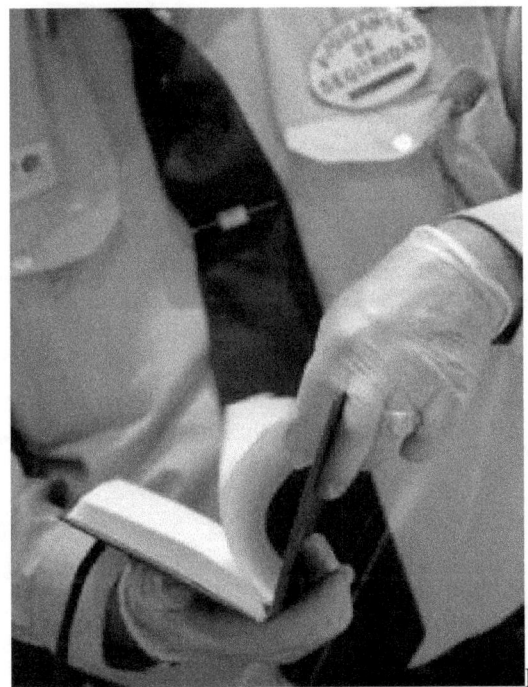

En otro orden de cosas también me gustaría hablar en este artículo sobre que documentos deberíamos disponer para realizar nuestro servicio con mayores garantías al final del mismo.

Todos sabemos lo que son los partes de incidencias que hacemos en nuestro servicio donde vamos anotando todo aquello reseñable que va ocurriendo en el mismo anotando hora exacta del suceso, así como nuestra actividad para que el cliente vea que hemos realizado el servicio acorde a una operativa marcada y pactada entre empresa y cliente y que nosotros los vigilantes hacemos porque así debe ser ya que así debemos también firmar la misma aunque seguramente en la mayoría de casos no se hace.

Ya hemos nombrado el parte de incidencias o servicio, y ahora es cuestión de ver que otros documentos nos pueden servir.

Uno muy útil es el de listado de puertas que por norma debemos revisar, ya que es fácil que en un hotel al cerrar todos los servicios del mismo se pueda quedar algo abierto y por la seguridad de los huéspedes y por la nuestra misma es de obligado cumplimiento la revisión y el cerrado de las puertas que encontremos abiertas. También un documento o formulario de control de personal.

Es muy fácil que en algunos establecimientos hoteleros el personal de mantenimiento no hayan caído en la idea de realizar maestras para casi todo y tengamos que ir como los antiguos serenos cargados con cientos de llaves, algo incomodísimo a todo ver.

Hemos visto más o menos lo que haríamos en un hotel, a continuación citare algunos ejemplos resumidamente.

Operativa en hoteles:

Rondas por recinto para comprobar que no haya personal ajeno al hotel

Control de acceso en puertas principales y salida a piscina, playa etc

Revisión del personal empleado, registro de enseres al salir del trabajo de cada empleado

No sería la primera vez que muchos empleados amigos de lo ajeno se llevan cosas de sus respectivos departamentos, por eso es muy importante también llevar un documento de registro de empleados, nombres, etc, para su control, esta parte es más importante de la que pensamos.

Control de clientes, en algunos hoteles es costumbre que los clientes lleven una pulsera de un color para ser identificados a simple vista.

Cuando ya ha cerrado todo y simplemente es verificar que los que lleguen por la noche son clientes, apoyamos a recepción para estar cerca si algún cliente con algunas copas de más no está a la altura de una persona y no se comporta como tal.

Suele pasar a partir de determinadas horas de la noche cuando vuelven de las zonas de ocio nocturno que suele haber cerca de los hoteles en determinadas zonas de la geografía española.

Algo muy importante sería también la revisión de las centrales de alarma de incendios y alarmas del hotel, así como el visionado de cámaras, cuando así lo veamos necesario.

Saber conectar y desconectar una alarma, una zona etc es de vital importancia cuando pretendamos acceder a supervisar alguna parte vacía del hotel y donde ya hayamos conectado la alarma de zona.

En caso de incidencia grave es muy importante a través del visionado de imágenes la información a nuestros superiores, y si procede y estamos autorizados para ello también al responsable, director o recepcionista del hotel para que la parte cliente sepa en todo momento la incidencia.

Saber descargar imágenes para entregárselas a la policía es básico para el buen funcionamiento del servicio, en caso de incidencia grave y cuando estos nos la solicitasen, siempre previo informe a nuestros superiores como he dicho anteriormente.

Como habéis podido apreciar desprendido de mi artículo, todo servicio tiene sus pros y sus contras, estar en un servicio en un hotel tiene el lado positivo de que este se te hace más llevadero por estar siempre en comunicación con más personal, tanto usuarios como empleados con lo que es aconsejable llevarse bien pero a cierta distancia para que la confianza no nos deje realizar nuestro servicio adecuadamente.

Esto sería en síntesis por encima lo que debe hacer en su servicio un vigilante de seguridad en hotel.

Espero os haya gustado el articulo y si tenéis preguntas al respecto solo tenéis que transmitirlas a través de los comentarios al final del mismo y contestare a todos con mucho gusto.

Punto de vista sobre las actividades complementarias

A nadie se le escapa a estas alturas, a nadie que haya mirado por encima aunque sea la ley de seguridad 5/14 que deroga a la anterior 23/92 , que se han activado una serie de actividades compatibles a las que antes no se tenía acceso ni obligación ejercerlas y como bien se comenta son complementarias, una palabra que trataremos mas veces durante este articulo.

Artículo 5. Actividades de seguridad privada.

1. Constituyen actividades de seguridad privada las siguientes:

a) La vigilancia y protección de bienes, establecimientos, lugares y eventos, tanto públicos como privados, así como de las personas que pudieran encontrarse en los mismos.

b) El acompañamiento, defensa y protección de personas físicas determinadas, incluidas las que ostenten la condición legal de autoridad.

c) El depósito, custodia, recuento y clasificación de monedas y billetes, títulos-valores, joyas, metales preciosos, antigüedades, obras de arte u otros objetos que, por su valor económico, histórico o cultural, y expectativas que generen, puedan requerir vigilancia y protección especial.

d) El depósito y custodia de explosivos, armas, cartuchería metálica, sustancias, materias, mercancías y cualesquiera objetos que por su peligrosidad precisen de vigilancia y protección especial.

e) El transporte y distribución de los objetos a que se refieren los dos párrafos anteriores.

f) La instalación y mantenimiento de aparatos, equipos, dispositivos y sistemas de seguridad conectados a centrales receptoras de alarmas o a centros de control o de video vigilancia.

g) La explotación de centrales para la conexión, recepción, verificación y, en su caso, respuesta y transmisión de las señales de alarma, así como la monitorización de cualesquiera señales de dispositivos auxiliares para la seguridad de personas, de bienes muebles o inmuebles o de cumplimiento de medidas impuestas, y la comunicación a las Fuerzas y Cuerpos de Seguridad competentes en estos casos.

h) La investigación privada en relación a personas, hechos o delitos sólo perseguibles a instancia de parte.

2. Los servicios sobre las actividades relacionadas en los párrafos a) a g) del apartado anterior únicamente podrán prestarse por empresas de seguridad privada, sin perjuicio de las competencias de las Fuerzas y Cuerpos de Seguridad. Los despachos de detectives podrán prestar, con carácter exclusivo y excluyente, servicios sobre la actividad a la que se refiere el párrafo h) del apartado anterior.

3. Las entidades públicas o privadas podrán constituir, previa autorización del Ministerio del Interior o del órgano autonómico competente, centrales receptoras de alarmas de uso propio para la conexión, recepción, verificación y, en su caso, respuesta y transmisión de las señales de alarma que reciban de los sistemas de seguridad instalados en bienes inmuebles o muebles de su titularidad, sin que puedan dar, a través de las mismas, ningún tipo de servicio de seguridad a terceros.

Como hemos visto, las actividades del personal de seguridad privada están perfectamente definidas en la regulación de la ley 5/14

Como he dicho algo que todo vigilante y demás personal operativo y no operativo que englobe el conjunto de la seguridad privada debería saber y conocer como su nombre propio.

El enfoque que quería darle a este asunto sería algo diferente de como lo hemos visto hasta ahora , incluso un servidor.

Hasta la fecha he visto como una actividad complementaria no regulada e incluso las reguladas que no ostenten en su base temas de seguridad privada propiamente dicha sería algo a lo que nos deberíamos negar a realizar, siempre y cuando lo viéramos con los ojos del que no quiere hacer nada que no le corresponda por oficio o cargo, algo loable para preservar nuestros principios básicos

Ahora vamos a analizar y ver qué actividades complementarias nos ofrece la nueva reglamentación en forma de ley de seguridad.

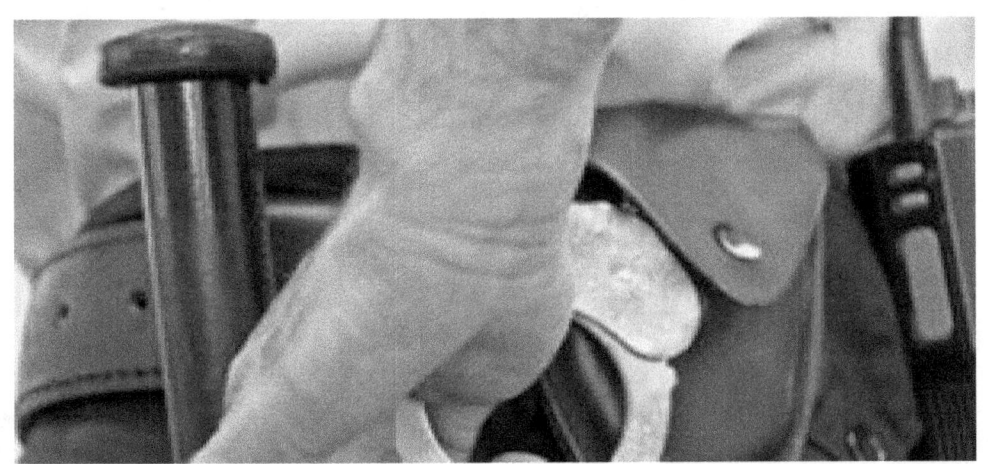

Artículo 6. Actividades compatibles.

1. Quedan fuera del ámbito de aplicación de esta ley, sin perjuicio de la normativa específica que pudiera resultar de aplicación, especialmente en lo que se refiere a la homologación de productos, las siguientes actividades:

a) La fabricación, comercialización, venta, entrega, instalación o mantenimiento de elementos o productos de seguridad y de cerrajería de seguridad.

b) La fabricación, comercialización, venta o entrega de equipos técnicos de seguridad electrónica, así como la instalación o mantenimiento de dichos equipos siempre que no estén conectados a centrales de alarma o centros de control o de video vigilancia.

c) La conexión a centrales receptoras de alarmas de sistemas de prevención o protección contra incendios o de alarmas de tipo técnico o asistencial, o de sistemas o servicios de control o mantenimiento.

d) La planificación, consultoría y asesoramiento en materia de actividades de seguridad privada, que consistirá en la elaboración de estudios e informes de seguridad, análisis de riesgos y planes de seguridad referidos a la protección frente a todo tipo de riesgos, así como en auditorías sobre la prestación de los servicios de seguridad.

Estas actividades podrán desarrollarse por las empresas de seguridad privada.

2. Quedan también fuera del ámbito de aplicación de esta ley, a no ser que impliquen la asunción o realización de servicios o funciones de seguridad privada, y se regirán por las normas sectoriales que les sean de aplicación en cada caso, los siguientes servicios y funciones:

a) Las de información o de control en los accesos a instalaciones, comprendiendo el cuidado y custodia de las llaves, la apertura y cierre de puertas, la ayuda en el acceso de personas o vehículos, el cumplimiento de la normativa interna de los locales donde presten dicho servicio, así como la ejecución de tareas auxiliares o subordinadas de ayuda o socorro, todas ellas realizadas en las puertas o en el interior de inmuebles, locales públicos, aparcamientos, garajes, autopistas, incluyendo sus zonas de peajes, áreas de servicio, mantenimiento y descanso, por porteros, conserjes y demás personal auxiliar análogo.

b) Las tareas de recepción, comprobación de visitantes y orientación de los mismos, así como las de comprobación de entradas, documentos o carnés, en cualquier clase de edificios o inmuebles, y de cumplimiento de la normativa interna de los locales donde presten dicho servicio.

c) El control de tránsito en zonas reservadas o de circulación restringida en el interior de instalaciones en cumplimiento de la normativa interna de los mismos.

d) Las de comprobación y control del estado y funcionamiento de calderas, bienes e instalaciones en general, en cualquier clase de inmuebles, para garantizar su conservación y funcionamiento.

Estos servicios y funciones podrán prestarse o realizarse por empresas y personal de seguridad privada, siempre con carácter complementario o accesorio de las funciones de seguridad privada que se realicen y sin que en ningún caso constituyan el objeto principal del servicio que se preste.

A este texto en negrita quería llegar yo, este es el meollo de este artículo, el fin de tanta parrafada, y porque ?.

Imaginaros sin imaginarlo, ya que todos los días lo vemos como el personal llamado auxiliar a menudo o casi siempre traspasa la barrera entre lo permitido y no para este personal, esto sin pasar ni pensar en los famosos controladores de accesos que casi siempre realizan funciones que no pueden realizar, a menudo el personal auxiliar mirando calderas realiza rondas y vigila por la noche etc, digo yo que si nosotros viéramos como las actividades complementarias algo desde otro punto de vista mas practico y positivo ya que no podemos luchar toda la vida contra algo que por lo visto poco o ningún remedio tiene y pensáramos que quizás nos puede beneficiar mas de lo que nos puede perjudicar, quizás le diéramos un vuelco a nuestro chip y quizás si nosotros hiciéramos alguna de estas actividades que no deben ser el objeto principal de nuestro servicio por supuesto, quizás y ahí está el meollo de la cuestión, quizás el cliente no necesitaría un auxiliar y un vigilante, quizás alguien se diera cuenta que el vigilante al realizar la ronda y prevenir actos delictivos también podría mirar calderas, repasar luces encendidas y cerrar puertas , algo que hasta donde yo sé siempre se ha hecho.

Y es que además hay otro tema, que quizá esto ya se viene haciendo por más que se hable, ojo, otra cosa es estar tirando de tras paleta o aparcando coches, que eso ya son palabras mayores y ahí sí que me diego rotundamente, pero si paso por delante de una oficina haciendo la ronda y veo la ventana abierta, la cierro porque por ahí puede entrar alguien por ejemplo.

Alguien puede pensar que esto es el principio del fin, yo soy de los que piensan todo lo contrario, que mientras nosotros hacemos dichas actividades sin que sean el objeto principal, evitamos que personal auxiliar ocupe este lugar y se creen mas puestos de vigilancia aunque conlleven alguna de estas actividades.

Espero criticas a mi escrito pero también se que quien quiera y desee entender el fin del mismo lo apoyara.

Otro tema que podría acompañar la contratación de mas vigilantes y teniendo en cuenta los comentarios anteriores seria que las empresas hicieran ver a los clientes lo que significa y las ventajas que ello representaría juntamente con un precio apropiado a la realidad del momento y del sector.

También que al cliente se le informara que ante una inspección y posible sanción por intrusismo , el cliente también seria sancionado , porque recordemos que la realidad es que hay demasiados lugres como por ejemplo muchos hoteles donde el personal de seguridad brilla por su ausencia y ese puesto lo ocupa personal auxiliar o análogo realizando seguridad encubierta o al menos asi lo veo yo en la zona donde habito. Si en otros lugares es diferente que me lo digan por favor que gustosamente hablare de ello positivamente.

Lo que si quería destacar es el motivo y resumen de este articulo, el de que le podemos dar otro punto de vista a esas actividades complementarias y sacar la parte positiva de las mismas en nuestro propio beneficio en tanto en cuanto no daremos ideas de que el cliente nos pueda sustituir por un auxiliar mas barato, reflexionar y ya comentareis lo que haga falta que encajar es lo que se hacer mejor y por supuesto las criticas las tomare como algo constructivo , pero que sean reflexionadas y argumentadas, repito el argumento principal es evitar que nuestro trabajo sea realizado por personal no habilitado, si lo hacemos nosotros evitamos que entre este otro tipo de personal sin habilitar.

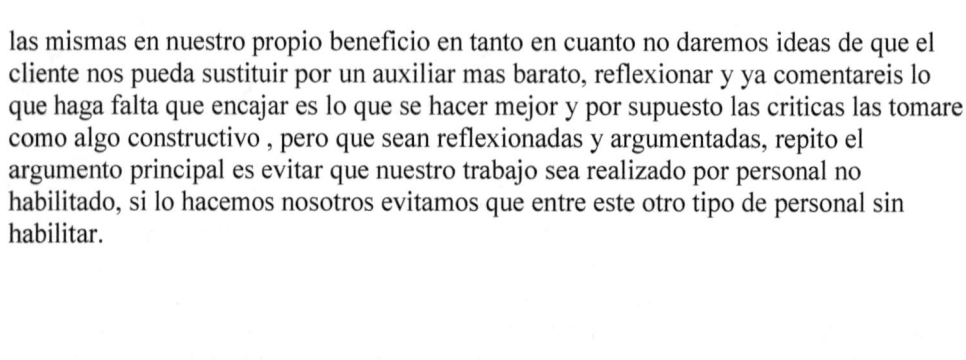

Nueva Tip convertida en titulo oficial a traves de la FP

Hola a todos, solamente comentar que yo firmaría ahora mismo que la tip de vigilante de seguridad (habilitación administrativa) , se convirtiera en un titulo oficial a través de un modulo o los que fueran de la formación profesional , la apuesta que ningún gobierno tuviera que haber abandonado hace unos años ya que así nos van las cosas con gente sin oficio ni beneficio.

Además fijaros bien que con **un** titulo oficial de seguridad privada expedido por el ministerio de educación y ciencia Si, que podemos luchar contra todo intrusismo real, ya que poseeríamos un título oficial y no una habilitación que mirado asi no parece nada pero es la barrera que separa legalmente el ejercer intrusismo real o no de cara a una demanda judicial a través de denuncia.

Recordemos que intrusismo es aquella actividad ejercida por personal sin la debida titulación, muy importante, por eso la mayoría de denuncias por intrusismo en nuestro gremio no prosperan , únicamente las de los detectives privados que si tienen un título y no una habilitación.

En mi opinión la formación profesional es la rama de la enseñanza reglada en nuestro país que ofrece mas alternativas y mas posibilidades de encontrar empleo que otras que no cuentan con prácticas como el bachillerato que en mi opinión es solamente un puente hacia la universidad.

Hoy en día en la FP hay nuevos planes de estudios que cuando yo la hice hace ya muchos años no habían, por lo que no tuve mas remedio que estudiar Fp de delineación que era lo poco atractivo que había en aquellos tiempos, también decir que sobraban plazas por que se tenia como algo de segunda opción y hoy hay bofetadas por obtener una plaza en dichos centros de FP.

Para mi seria muy importante que el ministerio del interior juntamente con el de educación y ciencia tiraran el proyecto citado en la nueva ley de seguridad privada 5/14 adelante, ofrecería muchas ventajas a los nuevos aspirantes en seguridad privada pensando así en un modulo simple de 2 años para los vigilantes y en un modulo mas largo de unos 4 años a los directores y jefes de seguridad no precisando ser universitario bajo mi modesta opinión, ya que que con un grado superior podría ser suficiente.

Ventajas:

Mas adecuación a las nuevas demandas y nuevos tiempos
Mas preparación psicofísica con profesorado especializado
Mas nivel cultural
Mas tiempo de formación
Mas solvencia cara a los compañeros de las ffccss al tener prácticamente el mismo

tiempo y formación que ellos
Mas posibilidades de trabajo al haber mejor formación
Profesores con titulo de profesor, no habilitados solamente.
Preparación física mejor etc etc

Hay quien me dice que a nadie le interesa que esto suceda, pero yo tengo muy buena fe y aspiro a que algún día así suceda por el bien de la sociedad en general.

EL valor de la amistad en seguridad privada

Cuando entre nuevo en una empresa de transportes , el primer día me pusieron con un tipo que no tenia dientes , con perilla y las manos llenas de sellos de oro. La primera impresión fue mala , el tipo tenia toda la pinta de ser un fanfarrón de barrio. Pero a diferencia del resto de compañeros , este no te miraba por encima del hombro ni te menospreciaba por ser nuevo. Era un tipo muy alocado que no paraba de cantar , ni de hacer el chorra . La verdad es que fue el único , que me hizo reír y pasármelo bien en mi jornada. Además me enseñaba el oficio e incluso me daba los albaranes para que se los hiciera yo , para que pudiese aprender a portear.

No era perfecto , con el tiempo me di cuenta que abusaba de mi confianza y siempre me daba toda la moneda , para que me la cargase yo (Además de los albaranes) yo que no era tonto me daba perfecta cuenta de lo cara dura que era el tipo , pero la verdad es que me lo pasaba muy bien con él . Como me cargaba con todo su trabajo , aprendí rápido a portear y pese a que podría haber estado de jefe de equipo , mi compañero me reclamo para ir siempre juntos (Normal le hacia todo el trabajo yo)

Así estuve casi 2 años , viendo que gente que entraba después de mi en la empresa los ponían de jefe de equipo y yo por ir siempre con este, no lo hacia nunca.
Los compañeros se reían de el y le llamaban vago y caradura , por mi parte a mi me llamaban esclavo de el.

Un buen día me harte de que el conductor y el jefe de equipo cobrasen mas que yo y les propuse que si querían que fuésemos los tres juntos siempre (Y ya que yo trabajaba mas que el jefe de equipo) lo justo seria compartir sus dos pluses entre los 3 . Ellos se negaron y entonces yo les dije que si no querían compartir sus pluses , sintiéndolo mucho , le diría al jefe de trafico que quería rotar de ruta (Cada 15 días) y así cuando me tocase una ruta de hacer horas , aunque no tuviese ningún plus por lo menos cobraría horas extras. Ellos parecieron entenderlo y lo aceptaron . Al cabo de casi un año dando tumbos por todas las rutas , me promocionaron para jefe de equipo.

Mientras tanto , mi compi , como ya no tenia a su "esclavo" de vez en cuando iba cogiendo la baja , por que no le gustaba trabajar e incluso le llegaron a apodar "Bajindo"

Al cabo de un año , nos enteramos que otra empresa nos compraba y yo y mi "amigo" (Ese que fue mi jefe de equipo, Bajindo) estuvimos en la calle al poco tiempo.

Ante esta situación , le propuse a mi "amigo" ir a buscar faena 3 o 4 días por semana , una vez con el coche de cada uno. La verdad es que fue muy positivo , pues si vas solo , los portazos y los "Ya te llamaremos " deprimen un montón , en cambio con este colega , casi era como una fiesta. Buscábamos curro , pero nos lo pasábamos genial.

Durante este periodo , Bajindo , tuvo temporadas que decía que solo quería la pasta y otras el curro. Tuvo varias fantasías , con montar un estanco o una guardería con la indemnización , pero la realidad de la situación le hacia bajar de las nubes. Mientras tanto , yo iba a todas las asambleas y huelgas que montamos para recuperar nuestro empleo , pero Bajindo nunca venia. Siempre ponía alguna excusa tonta.

Después de un año en el `paro a mi me llamaron de una empresa y el se quedo solo. Yo le llamaba de vez en cuando para ver como estaba , pero ni me cogía el teléfono. Me preocupaba por el , sabia que estaba cogiendo depresión y cuando conseguía contactar con el , le preguntaba si seguía buscando faena , el me decía que si , pero yo sabia que no salía de casa para nada.

Cuando tuve la oportunidad de ayudarlo a entrar a currar donde yo estaba , le llame y le ofrecí una entrevista. Quedo con el jefe de seguridad para la entrevista , pero no se presento. En su lugar coloque a otro colega que despidieron igual que a mi.

Al cabo de 6 meses tuve otra oportunidad de meter al Bajindo y fui tan pardillo que le volví a llamar. Le volví a conseguir una entrevista y esta vez si se presento y lo cogieron. Bajindo estaba tan contento que le dijo a todo el mundo que yo era como su hermano y que lo que había hecho por el nunca lo olvidaría , incluso llego a decirme a mi y a dos compañeros , que cuando consiguiese la pasta de la indemnización , que nos invitaría a una mariscada a los 3 (Yo En el fondo sabia que nunca cumpliría su promesa pero no imaginaba que es lo que iba a pasar.)

Resulta que a los 2 meses y como fruto de una lucha de movilizaciones , me entero que yo iba a ser readmitido. Bajindo no seria readmitido (Porque no se presento a ninguna huelga) pero conseguiría la indemnización , mas un plus de pasta. Hicimos una cena de despedida mía y todo era alegría y buen rollo. El , en un momento dado me dijo que si el fuera yo , que no volvería a Loomis que me iban a putear , quiso convencerme de que me quedase y no me fuese a Loomis pero yo le dije que ya era mayorcito y sabia lo que me hacia. Así que me fui contento por conseguir lo que tanto había luchado , pero también por saber que dejaba a mis amigos con trabajo.

Bajindo con el tiempo , empezó a coger bajas en el trabajo donde lo coloque y como estaba temporal , acabaron por no renovarle el contrato. Además , su envidia de que yo hubiese entrado en Loomis y el no , se convirtió en resentimiento y el resentimiento en odio. Tal fue la cosa , que empezó a ponerme verde con todos los que se cruzara y pase de ser su "Hermano , colega ,amigo ,etc." a ser un estomago agradecido y un lacayo de un sindicato.

Tal fue la amistad que tuve con Bajindo , y ese fue , el precio .

Datos personales comentados en articulo son ficticios.

Pero bien podrían ser reales .

La crisis tiene un precio: tu dignidad

La crisis hace mella en nuestro sector. Eso es evidente. Los tan proclamados y anunciados signos de recuperación, esos que tanto se afanan en vociferar los medios de comunicación por la cercanía de las elecciones, ni se les ve ni se les espera por parte del pueblo llano.

Esta crisis marcará un antes y un después, no sólo en nuestro sector, si no en nuestras vidas. El desembarco de la gente proveniente de otros sectores en el nuestro, ha sido masiva. La mayoría albergando la esperanza, con falsas promesas, de que iban a trabajar al día siguiente de tener la habilitación. Y otros son solo putos enchufados, que aparte de creerse alguien por ser los lameculos de algún jefe y dedicarse de lleno a joder a los demás por ser el pelota de turno, son sólo eso, enchufados que ni tienen ni puta idea ni la tendrán nunca de lo que es la seguridad. El caso es que esta gran mayoría de personas que, con todo el derecho del mundo tienen las mismas oportunidades de trabajar que este que escribe, cuando esta situación pase, se marcharán sin mirar atrás siquiera. Muchos de ellos, no hace mucho, se reían del puesto que ostentábamos y de las funciones que desempeñabamos. Quien les iba a decir que se darían tortas por ser un vigilante de seguridad de los que se choteaban tiempo atrás. El caso es que se están aprovechando demasiado, de ambas situaciones antes descritas, las empresas y quienes no son empresas, y se va viendo últimamente muchas situaciones que no deberían de producirse, como la de empujar carros de la compra, reponer estanterías y arrastrar palets con traspaletas, y alguna más que no voy a nombrar por vergüenza torera.

Hasta para ser vigilante de seguridad hay que servir. Y hay por ahí algunos que o son tontos, no saben leer y por eso no acatan la ley que deben de saber al pié de la letra, o son tan ineptos y tienen tan poca personalidad que es que ya no dan más de sí. El caso es que es más que frecuente ver a "profesionales" haciendo actividades impropias referente al cargo que desempeñan. Evidentemente se nos cataloga a todos en el mismo saco por las actitudes y actos de unos pocos. Es por ello que me he decidido a realizar este post, para ver si así alguno de estos que hace lo que no debe, espabile y o bien deje de hacerle el trabajo a otro, o simplemente haga lo que le corresponde. Ni más ni menos.

Yo no voy ha hacer como hicieron en la UCSP, donde emitieron un informe vergonzoso, en el que un vigilante de seguridad preguntaba si se podía sacar los cubos de basura, y donde en ese informe se dejaba entrever que sí, de manera ocasional, dando pié a los soplapollas y lameculos del sector y dándole alas a que las empresas puedan seguir apretándole más los tornillos a los compañeros asignándoles más tareas denigrantes y humillantes. Seguramente que ellos sacarán los contenedores de basura a la calle y por eso lo ven tan normal.

Vigilantes aparcan coches de futbolistas en el Bernabeu (lamentable)

El caso es que en la ley de seguridad privada, se define cuales son claramente las funciones del vigilante de seguridad:

CAPÍTULO II

Funciones de seguridad privada

Artículo 32. Vigilantes de seguridad y su especialidad.

1. Los vigilantes de seguridad desempeñarán las siguientes funciones:

a) Ejercer la vigilancia y protección de bienes, establecimientos, lugares y eventos, tanto privados como públicos, así como la protección de las personas que puedan encontrarse en los mismos, llevando a cabo las comprobaciones, registros y prevenciones necesarias para el cumplimiento de su misión.

b) Efectuar controles de identidad, de objetos personales, paquetería, mercancías o vehículos, incluido el interior de éstos, en el acceso o en el interior de inmuebles o propiedades donde presten servicio, sin que, en ningún caso, puedan retener la documentación personal, pero sí impedir el acceso a dichos inmuebles o propiedades. La negativa a exhibir la identificación o a permitir el control de los objetos personales, de paquetería, mercancía o del vehículo facultará para impedir a los particulares el acceso o para ordenarles el abandono del inmueble o propiedad objeto de su protección.

c) Evitar la comisión de actos delictivos o infracciones administrativas en relación con el objeto de su protección, realizando las comprobaciones necesarias para prevenirlos o impedir su consumación, debiendo oponerse a los mismos e intervenir cuando presenciaren la comisión de algún tipo de infracción o fuere precisa su ayuda por razones humanitarias o de urgencia.

d) En relación con el objeto de su protección o de su actuación, detener y poner inmediatamente a disposición de las Fuerzas y Cuerpos de Seguridad competentes a los delincuentes y los instrumentos, efectos y pruebas de los delitos, así como denunciar a quienes cometan infracciones administrativas. No podrán proceder al interrogatorio de aquéllos, si bien no se considerará como tal la anotación de sus datos personales para su comunicación a las autoridades.

Lo dispuesto en el párrafo anterior se entiende sin perjuicio de los supuestos en los que la Ley de Enjuiciamiento Criminal permite a cualquier persona practicar la detención.

e) Proteger el almacenamiento, recuento, clasificación, transporte y dispensado de dinero, obras de arte y antigüedades, valores y otros objetos valiosos, así como el manipulado de efectivo y demás procesos inherentes a la ejecución de estos servicios.

f) Llevar a cabo, en relación con el funcionamiento de centrales receptoras de alarmas, la prestación de servicios de verificación personal y respuesta de las señales de alarmas que se produzcan.

En el apartado 2 de este artículo 32 dice:

2. Los vigilantes de seguridad se dedicarán exclusivamente a las funciones de seguridad propias, no pudiendo simultanearlas con otras no directamente relacionadas con aquéllas.

Y ahora la pregunta es: ¿Dónde pone ahí que el vigilante tenga que hacer de criado para llevar cafés, periódicos, sacar la basura y demás "tareas" denigrantes?.

Cada uno debe saber cual es su límite en ciertas actuaciones que realiza. Si el rastrero se siente realizado por hacer funciones ajenas al oficio y ser el hazmerreir de todos, allá él.

La dignidad está por encima de todo y es la base fundamental del respeto, tanto laboral como personal. Si una persona no se respeta así misma, jamás logrará ser respetada. En nuestro caso y en lo que nos atañe, nosotros lo tenemos francamente fácil ya que sólo hay que seguir unos sencillos párrafos de una ley que creíamos que iba a salvar al sector de la hecatombe en la que se encuentra sumergida, y resulta que llegó casi en los mismos términos en los que se fué. Habrá algunos en los que su situación no tenga vuelta atrás. Pero los únicos culpables de SU situación han sido ellos por ser tan permisivos y no saber cuales eran sus "deberes". No hagamos el resto que ciertas actuaciones que realizan unos cuantos frikis desnortados, se tome como algo normal para el público y para las empresas.

La dejadez de los vigilantes de seguridad

Hace ya algún tiempo que quería hacer un pequeño escrito para referirme a la condición física y mental de algunos compañeros que no hacen sino que dejarnos en mal lugar a los que nos esforzamos día a día para realizar nuestros servicios en perfecta condición física y mental, no es una critica para destruir sino todo lo contrario, es para construir profesionalidad entre nuestros compañeros.

Es bueno que pidamos a las empresas y a los clientes que nos traten con respeto y que nos valoren como profesionales pero también es bueno transmitir profesionalismo y confianza en todos nuestros actos.

Habrá quien dirá que el estar fuera de facultades físicas o mentales depende mucho de la edad y del servicio en el que estés, pero no es menos cierto que estemos donde estemos la responsabilidad es nuestra.

Sabe alguien o tiene idea de la cantidad de nuevos aspirantes o jóvenes que llaman a la puerta de la seguridad privada con una preparación física e intelectual envidiosa?

El profesional intocable piensa acaso que si sigue con la actitud pasiva puede conservar el empleo indefinidamente?, la escusa puede ser muy variopinta, desde que no tiene dinero para pagarse un gimnasio , hasta que como en su servicio tiene que estar sentado en un control de accesos no hace falta que se prive de comer lo que le guste.

Si *pensamos a*sí lo único que conseguiremos es que la empresa nos enfile entre ceja y ceja y a la mínima que pueda nos pueda hacer caer en cualquier renuncio y obtener como recompensa a tanto pasotismo un despido disciplinario por causas objetivas.

Es esto lo que queremos?, AHHaa , que ya tenemos una edad y nos da igual, muy bien , si es asi dejemos de calentar la silla o el lugar de trabajo y dejemos paso a quien lo necesita de verdad y además se comportara mucho más profesionalmente.

No es por nada , ni por ganas de incordiar pero somos casi 300.000 habilitados de los que solamente trabajan 85.000, fijaros si hay posibles compañeros empujando y haciendo fuerza.

No merece un poco de esfuerzo de nuestra parte para conservar el empleo y demostrar a jefes y clientes que somos la mejor opción para cubrir su servicio?

Tampoco hace falta ponerse como el de la imagen jejeje, pero si tener un poco de cura de nuestro físico que a la postre se puede transmitir a una mejor seguridad mental.

Este escrito como ya comente anteriormente no debe servir como una crítica destructiva hacia compañeros sino todo lo contrario

una crítica para mentalizar y desarrollar las ganas de profesionalizarse activamente en un oficio que de verdad requiere constante entrenamiento para dar de si lo mejor en cada situación.

Sabemos de la formación obligatoria

Artículo 7. Cursos de actualización y especialización.

De conformidad con lo establecido en el artículo 57 del Reglamento de Seguridad Privada, el personal de seguridad privada, al que se refiere dicho artículo, participará en cursos de actualización o especialización impartidos en centros de formación autorizados, que tendrán una duración, como mínimo, de veinte horas lectivas anuales, con un porcentaje de, al menos, el cincuenta por ciento de formación presencial.

Artículo 8. Cursos de formación específica.

En los servicios de seguridad que se citan en el anexo IV de esta Orden, por ser necesaria una mayor especialización del personal que los presta, se requerirá una formación específica, ajustada a los requisitos que se recogen en dicho anexo, computable como horas lectivas a efectos de la formación permanente del artículo 57 del Reglamento de Seguridad Privada.

Artículo 9. Cursos de formación especial.

Los cursos, conferencias o reuniones formativas organizadas por las Fuerzas y Cuerpos de Seguridad, al objeto de impartir las instrucciones o pautas de actuación para hacer efectivo el principio básico de auxilio, colaboración y coordinación con estas, se computarán como horas lectivas a efectos de la formación permanente del artículo 57 del Reglamento de Seguridad Privada

Pero , es suficiente?, basarnos en temas de obligatoriedad en vez de temas de voluntariedad?, mi opinión no cuenta por eso no la doy.

Y los uniformes, los llevamos con la imagen impecable que se nos exige?, llevamos los uniformes de acuerdo a cada servicio?, este tema realmente incumbiría a las empresas de seguridad, no es normal ir a un concierto como he ido yo mismo en un recinto lleno de polvo de traje de bonito que a la hora ya daba asco ver, y eso sin intervenciones , a la que tengas que intervenir ni te cuento, placas por el suelo, camisas con botones arrancados, incluso rotas etc,etc, algo que se puede evitar simplemente dotando de la debida uniformidad en cada circunstancia de servicio, algo que todavía hoy no hacen muchas empresas, sin comprender que la comodidad es muy importante en la vida de un vigilante de seguridad.

Los tiempos cambian y la sociedad evoluciona, por lo que empresas y trabajadores también deben adaptarse a los nuevos cambios que proponen los nuevos tiempos, eso incluye uniformidad, logística, trato personalizado y necesidades de los clientes.

Servicios de seguridad privada en conciertos musicales.

Como viene siendo habitual , iremos deshaciendo la margarita de la seguridad privada en aquellos eventos o servicios donde haga mas falta su aclaración y descripción para saber las funciones concretas del personal de seguridad en dichos servicios.

Es habitual en un concierto musical que concurran varias empresas , compuestas unas por controladores de accesos y las otras por personal habilitado como vigilantes de seguridad, que son los únicos con capacidad de intervención inmediata en caso de incidencias.

No es menos cierto que en la mayoría de conciertos quien se lleva la parte mas fea , la de la expulsión de los recintos de aquellos elementos que no son capaces de llevar la fiesta por el mejor de los caminos, usuarios borrachos o violentos, son el personal controlador de accesos , algunos venidos de la portería de algunas salas de fiesta expresamente para el evento en cuestión.

Es legal, NO , esta permitido por los responsables de las empresas de seguridad ,Si, ¿porque?, muy fácil, si te enmaromas tu ya no me enmaromo yo, tan fácil como esto.

debería cambiar algo el tema en cuestión , por supuesto que si, pero puedo bien asegurar y doy fe de ello que en todos los conciertos donde he sido contratado con mi empresa, hemos estado a la par con los controladores de accesos , e incluso con personal que ni tenia acreditación alguna, bueno, la única acreditación sus músculos.

Como ya he dicho , esto no es legal , pero por las razones mágicas que no se me ocurren esta permitido por policías locales y autonómicas varias e incluso me consta que las nacionales también, quizás porque se trata en su mayoría por eventos promovidos por ayuntamientos etc.

Control de accesos de Vigilantes en entrada a concierto ,primer filtrado y registro de enseres

Ahora nos vamos a ir a las funciones que normalmente haríamos los vigilantes de seguridad en conciertos, según evento , por supuesto porque dependerá de la magnitud, de la cantidad de aforo y de la operativa prevista por los organizadores y los jefes de seguridad.

En principio , lo primero es dirigir al público con orden hacia el recinto con un filtro en la entrada de vigilantes y controladores de accesos que a su vez realicen el recuento del público que accede al recinto para saber en todo momento el aforo real del recinto.

Esto en cuanto a los controladores, nosotros los vigilantes como he dicho en primer filtro debemos registrar enseres por lo que será de vital importancia habilitar mediante vallas , pasillo selectivo de usuarios, uno de entrada con la anchura que se crea conveniente según puertas de entrada y personal de seguridad disponible y el otro de salida, caso de salir por el mismo lugar.

Hemos comentado ya el tema de las vallas de seguridad que pondremos haciendo pasillo en la entrada del recinto, donde pondremos al personal en filas adecuadas al personal que hubiera para el registro de enseres, a fin de evitar que entren objetos peligrosos, punzantes etc, la verdad es que la mayoría de veces lo que te hacen hacer es requisar comida y bebida, para evitar que consuman en el interior donde casi siempre acostumbran a haber lugares como bares etc que pagan por explotar la restauración en interior de recintos , algo que muchos usuarios no ven con buenos ojos porque saben que los precios son más caros normalmente e intentan colarlo desde el exterior.

Para mi esto por nuestra parte no lo considero un acto muy legal ni de funciones obvias, pero en la mayoría de casos estas obligado a hacerlo por parte de los organizadores y tu empresa.

Dejando de lado estos detalles, es muy importante situar al personal, a algunos vigilantes delante de las puertas de emergencia, e impedir así mismo que la gente se siente o se aposta delante de las mismas para evitar precisamente que ante un eventual circunstancia de evacuación forzosa nada ni nadie bloquee las salidas de emergencias y se pueda evacuar con normalidad y de forma fluida sin tapones, caso de algún evento conocido por Madrid y que no nombraré por motivos obvios.

Siguiendo con el dispositivo es muy importante también situar personal de seguridad frente o cerca del escenario donde este enfocado el concierto, también personal de seguridad en la entrada de camerinos y entrada de servicios, para evitar que entre personal que no esté acreditado.

Otro personal de seguridad debe situarse en la zona de servicios, lavabos etc .

después habilitaremos unos vigilantes que en grupos de 2 deberán hacer rondas por el recinto desplazándose por el mismo y bien comunicados con el responsable del servicio pues este personal es el que apoyara en las intervenciones que hubieran en determinados lugares del recinto , este número dependerá también del aforo.

Es recomendable que en un aforo de unas 10.000 personas se habiliten aparte de todos los vigilantes que hemos situado por diversos lugares a unos 20 en grupos de 2 que realicen las funciones propias de seguridad y que informen en todo momento al responsable del servicio de tantas incidencias como sucedan.

Esto es un resumen de lo que sería la disposición de seguridad en un concierto a grandes rasgos, evidentemente hay muchos detalles mas y como he comentado siempre dependerá del aforo y magnitud del concierto y a que publico va dirigido.

No será lo mismo un concierto del Julio Iglesias que un concierto de un grupo rockero por ejemplo, cuyos asistentes se diferenciaran bastante por la edad, características et c, lo que nos da una idea de una operativa u otra.

Si en alguna ocasión los acontecimientos nos superaran nuestro jefe de seguridad debería apoyarse en las fuerzas del orden público que normalmente apoyaran los accesos desde el exterior filtrando muchas veces a una distancia del concierto en el registro de vehículos que acceden al parquin del concierto.

Uniforme recomendable para estos eventos y otros de similares características ir con ropa cómoda, recomendables botas de buenas marcas, pantalón de campaña con bolsillos laterales con goma para mayor comodidad, y un polo o jersey dependiendo de la época en que se realice el evento.

De dotación en cinto algo que considero muy importante son unos guantes anti corte con buena protección, otros guantes de látex por si hay que atender algún herido sangrante ,linterna potente como las que tiene **SHOKE** como ejemplo que alargue mucha distancia y tenga mucha penetración, muy importante esto, cinto de cordura cómodo de quita y pon rápidamente, unos grilletes y la defensa reglamentaria y por supuesto el radio- teléfono para la comunicación interior, todo lo que pongamos de mas ,seguramente nos estorbara y por lo tanto sobraría.

Crece la inseguridad en los negocios y la dependencia tanto de los vigilantes de seguridad como de los sistemas antirrobo

Lamentablemente para muchos comercios, es extraño el día en que no se comete algún robo, ya sea de sus productos como de la caja. Los delincuentes son mayormente bandas profesionales que actúan con violencia entrando tanto en pequeños comercios como en grandes superficies comerciales. Y es por ello que cada vez es más la preocupación que generan estos casos ya que suponen grandes pérdidas para los establecimientos.

Esta es la razón por la que cada vez adquieren más importancia los vigilantes de seguridad ya que es una de las medidas de prevención más eficaces por las que optan los comerciantes para salvar su negocio. Porque una vez han cometido el hurto, es difícil subsanar los daños cometidos en él.

Contar con la presencia de un guardia de seguridad en un comercio puede ser una herramienta para desanimar a los delincuentes a la hora de actuar. De entre sus funciones más importantes está la de mantener una vigilancia constante y dar autorización para entrar o salir a las personas al local.

También es muy importante destacar que si se ha cometido el hurto pero se dispone de un guardia, éste puede informar sobre el acto vandálico y en su caso, declarar ante tribunales. Así como elaborar informes sobre sucesos excepcionales, como por ejemplo algún daño a los equipos o la entrada de sospechosos.

Como se ha mencionado anteriormente, la inseguridad en los comercios ha aumentado en los últimos años en gran parte del mundo, causando una mayor inseguridad y dependencia de los sistemas antirrobo. Por ejemplo, está el caso de las tiendas de ropa, en las que los ladrones y delincuentes utilizan cada vez más artimañas a la hora de provocar hurtos.

Para éste tipo de negocio, lo mejor es activar las alarmas para ropa de SIDEP ya que aportan al comerciante más tranquilidad en sus ventas y la protección de sus ganancias. Dichos sistemas garantizan un rendimiento eficaz a la hora de detectar si se está cometiendo el hurto y por otro lado, cuando se ha generado la venta, su desactivación de la misma.

Para concluir, a parte de la disposición del vigilante de seguridad o las alarmas de ropa, hay muchos más sistemas de seguridad y tipos de alarmas en el mercado que se adaptan a cada situación en la que se encuentren los comerciantes. Es por ello, que hay que contar con el asesoramiento de un experto e informarse de cada clase de sistema.

Los retos de la seguridad en el futuro

Hace ya algún tiempo que me había planteado realizar un artículo sobre nuevas formas y retos de seguridad privada en el futuro que pueden afectar a la idea actual que tenemos sobre los vigilantes de seguridad y sus funciones naturales ,algunas quizás lleguen antes de lo que pensamos dada la velocidad con la que se mueve la tecnología y que puede afectar básicamente a servicios tan clásicos como el transporte de fondos, la seguridad en polígonos industriales e incluso la seguridad física en lugares como naves industriales y lugares donde la presencia de un vigilante de seguridad puede ser sustituida por un dron o robot más o menos sofisticados.

Como ya he nombrado en un futuro no muy lejano lo que tendrán que hacer algunos centros de formación http://controlum.com/academia-formacion/ indistintamente de la disciplina a la que se dediquen, será dar clases y prepararse también para formar y ayudar a formarse a algunos vigilantes de hojalata, por decirlo en sentido figurado, vigilantes capaces de acatar todas las órdenes precisas y procesarlas, capaces de hacer las rondas con las distintas variantes y capaces de detectar intrusos antes de que estos accedan al recinto, creo que este será el futuro de la seguridad privada y de los vigilantes antes de lo que pensamos, simplemente viendo como avanzan los acontecimientos, en países tecnológicamente punteros, como EEUU , Japón, Corea, China, Rusia , Alemania etc etc.

Soy un visionario o simplemente veo una realidad cercana. Como todo, al principio estos servicios robotizados solo se los podrán permitir las grandes corporaciones, las grandes academias de formación nacionales e internacionales, pero con el tiempo pasara como con todo, se abarataran precios por fabricarse los vigilantes o los sistemas mas sofisticados en cadena y asi llegar a casi todos los posibles clientes y usuarios de seguridad privada.

Que no se asuste nadie que precisamente este caso que anunciamos puede reportar un gran porcentaje de nuevos técnicos y trabajadores cualificados a la seguridad privada que adquiriría otro concepto y otra idea de la nueva seguridad privada y como todo el mundo no avanza al mismo ritmo siempre habrán países que precisaran de personas de carne y hueso para realizar dichas tareas.

En otro orden de cosas , que no crean las fuerzas de seguridad del estado y las distintas policías ejércitos etc que se libraran del acoso de las nuevas tecnologías , es impensable que estas avancen a otro ritmo, mas bien lo contrario, avanzaran antes que la seguridad privada y que los vigilantes de seguridad como siempre ha sido y siempre será.

Las academias de formación tampoco serán una excepción , también deberán realizar los cambios que aseguren su futuro en favor de las nuevas tecnologías, quizás veamos como comente al principio de este artículo, como los centros de formación de vigilantes, policía etc, adapten como ejemplo enseñanzas de como utilizar un Dron remotamente o un robot desactivador etc etc.

Para resumir, el futuro ya es presente, de nosotros depende que sepamos subsistir en medio de la selva tecnológica.

Articulo escrito y editado por josepmarti   para una reflexión sobre nuestra profesión
en este presente y en este futuro cercano.

Intrusismo por auxiliares de servicios

La pregunta es , como demostramos cuando un auxiliar de servicios
esta trabajando por la noche y hace rondas?, es suficiente motivo
de denuncia o tiene que llevar el tío alguna defensa o algo para ser
sancionado?, porque denuncias que no han prosperado porque el
tio ha dicho que estaba de conserje para visualizar las
instalaciones, calderas etc, hay muchas, y esa escusa parece que
sigue valiendo cuando los uniformes en si , muchos ya llaman a la
confusión con anagramas al hombro que aunque ponga inspección
o no se que o auxiliares papas fritas, de lejos parecen anagramas
de empresas de seguridad y el publico en general los confunde con
personal de seguridad habilitado

Auxiliar y vigilante juntos en un mismo servicio ,aparentemente solo les distingue por la placa del vigilante de seguridad

Es una vieja trampa que se saben muy bien algunas empresas y las ponen en práctica siempre que pueden, otras han optado por poner un cartelito en el pecho que pone el nombre de la empresa y debajo personal auxiliar, pero esta puesto con tan mala baba que justo encima del bolsillo izquierdo donde nosotros llevamos la placa ellos llevan el cartelito que confunde.

Ojo que esa práctica está hecha con beneplácito de la mayoría de vigilantes y personal de seguridad que componen esas empresas y que muy a menudo, mas de lo que se sabe colaboran con personal auxiliar de las filiales.

Auxiliares o controladores de accesos con uniforme que confunde con vigilante de seguridad

Que si , que es muy bonito criticar pero , y las denuncias?, salvo los asturianos de avispa, poco mas , otras asociaciones de vigilantes de otros lares ni están ni se les espera, ahora si, en algunos foros denuncian a saco y rabo , vamos todos los días, denuncian tanto que a estas horas en delegación del gobierno no se puede entrar de billetes sacados de las miles de sanciones hechas(ironía por si alguien no lo ve asi), y es que de boca todos matamos, comemos, hacemos, ligamos y no sé cuántas cosas mas pero la realidad es otra.

Auxilar con coche patrulla y uniforme que confunde con vigilante de seguridad

Ejemplos encontraremos muchísimos, solo hay que dar una vuelta por distintos lugares de nuestra geografía y más en verano para ver muchísimos trabajadores sin habilitación realizando funciones de seguridad privada para la cual no están habilitados ni legitimados para realizar dichas funciones encubiertas.

Principales diferencias entre vigilantes de seguridad y auxiliares

Hoy , en este articulo trataremos de ver cuales son las principales diferencias entre los vigilantes y los auxiliares, dada la confusión que acarrean en muchos usuarios de servicios, transeúntes y publico en general incapaces algunos de distinguir a unos de otros.

El vigilante de seguridad es un profesional que ha obtenido su habilitación para ejercer la profesión mediante unas pruebas que convoca el ministerio del interior y donde una vez superadas, se obtiene una acreditación **TIP tarjeta de identificación profesional** ,para poder ejercer la noble profesión de vigilante de seguridad enmarcado dentro de la actual ley de seguridad privada 5/14 , que regula todas las actuaciones ,deberes, derechos, obligaciones etc de los mismos, asi como el de todo el sector de la seguridad privada en general, incluidas las empresas de seguridad privada , donde los auxiliares de servicios no constan ni son regulados por la misma simplemente porque no son personal de seguridad privada, algo que muchos clientes y público en general obvian o simplemente ignoran por dejadez o por interés propio.

Algunas veces alguien ha podido pensar que cualquiera puede irse a una empresa de seguridad privada y ser contratado como vigilante de seguridad, si esto sucediera sin tener la necesaria habilitación **TIP**, anteriormente mencionada incurriríamos en un claro delito de intrusismo profesional castigado por el código penal con penas de hasta 2 años de cárcel y multas de hasta 30.000 €, tanto al infractor como a la empresa contratante en cuyo caso ascendería a muchísimo más .

Recordemos que solo pueden prestar servicios de seguridad privada aquellas personas profesionales hailitadas para tal menester por el ministerio del interior asi como las empresas de seguridad que también posean la debida autorización del ministerio.

Creyendo que ha quedado bastante claro a lo que se puede enfrentar quien incurra en delito de intrusismo y quienes pueden ejercer funciones de seguridad privada seguimos.

Un vigilante de seguridad tiene un sueldo aproximado de 1090 € pluses de nocturnidad, y festivos aparte por 15 pagas ,recordemos que según convenio vigente se cobra una paga de beneficios a la altura de marzo aproximadamente, aparte de las de verano y navidades por lo que si prorrateamos el sueldo asciende algo mas.

 Un auxiliar de servicios es aquel empleado que en teoría se encarga de otras funciones que nada tienen que ver con seguridad privada, y son un complemento que venden las empresas de seguridad para llegar a cuotas de mercado que le serian imposible solamente con personal de seguridad.

La idea es que el personal auxiliar se dedique a tareas propias de cualquier conserje o ordenanza, porteros de edificios en comunidades de propietarios etc, pero sucede demasiado a menudo que al personal auxiliar también se le dota de un aparato para registrar las rondas que hace marcando en puntos de control igual que lo que suele hacer un vigilante de seguridad con la escusa de mirar las instalaciones y bla,bla,bla, pero nada mas lejos que eso, en la mayoría de los casos lo que se hace es seguridad encubierta, nocturna y alevosía ya que se sabe perfectamente que dichas funciones solo las puede hacer personal habilitado.

De nada me sirve que se diga que porque no llevan cinto ni arma alguna no realicen funciones de vigilancia, que algunos ya estamos hartos de ver cosas de este estilo, en otro artículo ya nombre y puse muchos ejemplos de cómo visten uniformes parecidos dotados por las empresas de seguridad a través de sus filiales.

Un auxiliar de servicios no suele cobrar mas que el salario base unos 640 euros mas las horas extra que realice, festivos etc, por lo que para llegar a un sueldo de 900 euros deberá hacerse la friolera de 250 horas mensuales, además no suelen estar regulados por convenio alguno que en todo caso deberías ser local y especifico de cada empresa, no como es el caso de los vigilantes de seguridad que están regulados por convenio estatal muchas veces mal negociado por los representantes sindicales pero eso sería otro tema a tratar en otro artículo.

Ya hemos visto aproximadamente que diferencias existen entre unos y otros , entre profesionales de la seguridad privada regulados y auxiliares de servicios que demasiado a menudo cruzan la parcela prohibida a ellos por carecer de la habilitación pertinente. Entre las funciones de los vigilantes por ejemplo hay algo que ningún auxiliar puede hacer que es pedir la identificación a los usuarios del bien que protege a quienes pretenden acceder a las instalaciones etc, el auxiliar que se positivamente que en algunos centros de trabajo también realiza, no lo puede hacer, la escusa la de siempre , que se pide la documentación en el control de acceso para cumplimentar la hora de entrada y salida algo que si puede hacer el auxiliar de servicio, y no se pide por temas de seguridad, es lo de siempre, establecer más claramente la barrera entre lo uno y lo otro, es lo que todavía no ha conseguido o no se ha querido conseguir con ninguna ley de seguridad privada habida ni por haber.

Otras diferencias destacables son las de que el vigilante de seguridad llevara siempre visible un placa identificativa en el lado superior de su bolsillo izquierdo de camisa , chaquetón etc y siempre visible con su número gravado de tip y una lectura que ponga vigilante de seguridad, así mismo podrá ir dotado con defensa y grilletes, radio teléfono , linterna etc.

Un auxiliar de servicios jamás puede ir dotado con herramienta alguna que pueda confundirse con vigilante de seguridad, ni ir armado con ninguna clase de arma ni defensa, y por supuesto portar grilletes.

Muchas veces no somos conscientes de lo que contratamos como clientes de un servicio, muchas veces al haber una diferencia de precio considerable, algo lógico por los sueldos de unos y otros , por la profesionalidad de unos y otros y por la preparación de unos y otros, no somos conscientes como empresa que contrata dichos servicios que podemos incurrir en un delito y también podemos ser sancionados , por lo que cuando contratemos un servicio auxiliar debe ser un servicio muy claro en lo que no intervenga ni remotamente ni puntualmente un servicio encubierto de seguridad.

Como ejemplo pondré lo que hacían unos auxiliares de servicios en un hotel.

Algunas veces estando en la puerta se les veía realizar funciones de información y botones, pero era muy frecuente que en momentos puntuales y ante la llegada de autocares con entradas al hotel de turistas hubiera muchas maletas en el holl del mismo y se encargaban de su vigilancia con la escusa siempre la maldita escusa de estar al loro de si algún cliente requería el servicio de botones, nada mas lejos de la realidad,, también era casualidad que vestían uniformes calcados a los vigilantes de seguridad con anagramas en ambos hombros etc, daba igual si ponía inspecciones ec, los turistas extranjeros los veían como personal de seguridad, son ejemplos de los miles que hay de la confusión que realiza dicho personal ocasionado por ellos, el cliente y la empresa.

Muchas veces olvidamos, demasiadas veces lo hacemos que todo lo barato acaba saliendo demasiado caro muchas veces, que una persona haciendo servicios de seguridad privada sin habitación puede ser un delincuente con antecedentes penales caso imposible con los vigilantes de seguridad a los que la policía pide antecedentes penales para otorgar la **TIP.**

Espero que os haya gustado el artículo sobre las diferencias entre personal habilitado y auxiliares

¿Aceptaríamos cualquier trabajo en cualquier condición?

Siempre he dicho que hay temas que en la vida debemos respetar, como son las convicciones morales y profesionales de cada individuo y el nuestro propio, pero es suficiente esto cuando ya no se depende de uno solo y entra en juego la familia, hijos etc?

En el grado de necesidad de cada cual, será cada individuo el que decidirá como deberá proceder , sin que eso conlleve a que cada uno tenga su filosofía sobre la vida y la escala de valores de cada cual.

El ejemplo del trabajo esta claro (Antes de morir de hambre , currar de lo que sea) pero vamos a llevarlo un poco mas allá :

Si por ejemplo , tuviese que escoger entre dejar morir a mi hijo o asesinar a los 2 hijos de mi mejor amigo ¿ Como procederíamos ? ¿ Dejaríamos morir a nuestro propio hijo por no asesinar a los 2 de mi mejor amigo ? ¿ O seriamos padres egoístas y nos convertiríamos en asesinos ? ¿ Que escala de valores tiene cada uno ?

Ahora ya no esta tan claro ¿ Verdad ? Por supuesto , nunca nos veríamos en esa ficticia situación pero a eso me refería con lo de que "Todo no vale " yo no soy juez , ni soy un ser supremo con la verdad absoluta , pero intento vivir acorde a mis principios e intento no engañarme ni traicionarme a mi mismo , una vez superado esos pudores podemos ser honestos con nosotros mismos.

El tema que el compañero proponía en un principio , era bien claro. Tenia dudas y pedía opiniones , para saber si aceptar o no ese trabajo (Sabiendo el mismo , que no era lo mas ético u moral) para saber si contaba con que la gente estaba de acuerdo con sus actos o por el contrario se sentiría un paria.

Llegados a este punto… ¿ Quien te puede decir que es lo correcto o lo incorrecto ?

Cada uno sabe sus cosas y sus problemas . Al final solo uno mismo , puede decidir si se es sincero consigo mismo y actúa en consecuencia o por contra prefiere engañarse.

La formación en tiro de los vigilantes de seguridad es de pena

Como ya comente en una ocasión, la formación en armamento de los V.S. depende de la empresa por tanto pesima.Un VS dispara 75 tiros anuales (repartidos en 2 sesiones de tiro)… sobra decir que es insuficiente es poco.

Esta es mi teoria:
el VS, no puede solicitar la licencia de armas, la tiene que solicitar por parte de la empresa, y unicamente tendra valor, en el ejercicio de sus funciones, en un puesto determinado. Perdón por la palabra pero la PUTADA de esto es que un V.S. que quiera formarse, y adquirir pericia en el manejo y uso de una herramienta con la que trabaja a diario NO PUEDE, a no ser que el por su cuenta se saque la licencia F, se compre un arma y empiece a entrenar por su cuenta y elementalmente costeado por el V.S. (cosa indignante)

Claro que las empresas de seguridad deberían mejorar la formación de los V.S. en el manejo de armas, pero siendo honestos… son empresas de seguridad que les podemos pedir, estoy seguro que si la ley cambiase y en vez de 75 disparos anuales, disparasen solo 50, se alegrarían, menos munición que comprar.

 La mejor manera de entrenar es con el tiro en seco, cosa que un V.S. no puede hacer jamás, debido a que no puede entrenar con su arma, ya que solo la utiliza en el servicio.

P.d., la calificación en los ejercicios de tiro, a mi me parece adecuada, ya que si no eres capaz de meter 16 tiros (50%+1) en una diana quieta, quiere decir que + del 50% de tus disparos irán como balas perdidas siendo un peligro. Que ahora viene lo "gracioso"

Consigue la calificación de tirador selecto, (mas del 90% en 2 años seguidos) y si tienes que utilizar el arma alguna vez estas jodido pero a unos niveles bastante serio lo argumento:

Como todos sabemos, debemos disparar a zonas no vitales del cuerpo etc…, imaginemos que yo soy tirador selecto, he metido mas del 90% de los tiros en una diana QUIETA, con mis 3 minutos para realizar el disparo, y en tiro instintivo 3 segundos, para los cuales me he preparado, he adquirido una postura determinada etc…. a efectos jurídicos, en una situación real, en la cual no estás preparado, no adquieres una posición determinada, si no que intentas quitarte la amenaza lo antes posible, le metes el tiro en una zona vital, y jurídicamente estas mucho más jodido por ser "tirador selecto".

Y por último…. posiciones de tiro que enseñan a los V.S. y que desgraciadamente yo enseño también…. alguien me puede explicar la lógica de la posición CROUCH y LA POSICION ISOSCELES??? (es un tema que me enerva un poco) porque yo personalmente no la veo ninguna, a lo mejor en el siglo XVII en el viejo oeste, estaban de moda… pero alguien en su sano juicio, ¿va a adquirir alguna de estas posiciones en tiro real? Lo dice alguien que le han tenido más de 45 minutos en línea de tiro en posición CROUCH con el arma a 45°.

Posición crouch en tiro con revolver por F.Gallego

¿Deberíamos ir todos los vigilantes armados con el peligro del yihadismo?

Hoy expondré un tema bastante delicado pero a la vez real.
Se están tomando medidas contra el yihadismo con temas policiales en toda
España, con medidas suplementarias en aeropuertos e infraestructuras críticas,
pero seguimos viendo en cualquier lugar a vigilantes con una defensa y unos
grilletes con lo que nada podrían hacer ante una ataque por sorpresa de
cualquier descerebrado fanático de estos.

Cuando veo todo el movimiento policial , como se protegen embajadas, como he dicho,
infraestructuras críticas, consulados, sedes de partidos políticos etc, pero donde estos
animales podrían hacer daño con suma facilidad ni tan siquiera hay un triste vigilante
sino que hasta llegan a haber auxiliares, y si hay vigilantes lo dicho , con una defensa y
nada mas.

Pueden salir los que digan que también con un revolver poco o nada se puede hacer
contra un individuo con un kalasnikov, pero algo mas que sin eso seguro que se puede.

La población que acude a grandes supermercados ahora mismo y ante tal amenaza no están debidamente protegidos, pero....
si ni siquiera en los juzgados se realiza servicio con arma, queréis decir que no sería el momento de otorgar licencias a los vigilantes para la autoprotección y la protección de los que les rodean, clientes, usuarios etc.

Visto de esta manera , la sensación que me da es que no se esta aprovechando la fuerza de los vigilantes , el refuerzo que supondría contar con 50.000 profesionales más en la calle realizando labores de apoyo en algunos lugares designados por la policía o inclusive acompañados por un agente de policía, si formulas hay muchas pero ni se quieren ver , ni se quieren aplicar, quizás algún dia sea demasiado tarde.

Ejemplo de lo que debería ser un vigilante armado en el actual panorama nacional

Me estoy formando una película?, podréis preguntaros algunos, quien sabe , quizás si, pero...... no estoy en mi derecho a proponer algo así?, creo que no se está tomando todo lo serio que debería tomarse el asunto, hay una amenaza real y está entre nosotros, esta en este país, vive en este país porque aquí somos asi , damos la mano para que nos la muerdan los que ayudamos con ayudas de los ayuntamientos que solo pretenden aumentar el padrón y conseguir más votos a fuerza de comprarlos y así estamos.

Pero siguiendo con el tema, no notáis que estamos dejados de la mano en nuestro gremio?, la famosa red azul, esta funcionando con las empresas de seguridad?, hay ese intercambio de información entre policía y empresas?, llega al vigilante dicha información?, no sé.

Ahora sería un buen momento para recibir el apoyo que merece el sector obligando a gasolineras, centros comerciales y en general lugares donde acuda mucha gente a tener vigilantes de seguridad armados, porque para mi la prioridad siempre será proteger a las personas por encima de cualquier interés o edificio o bien material

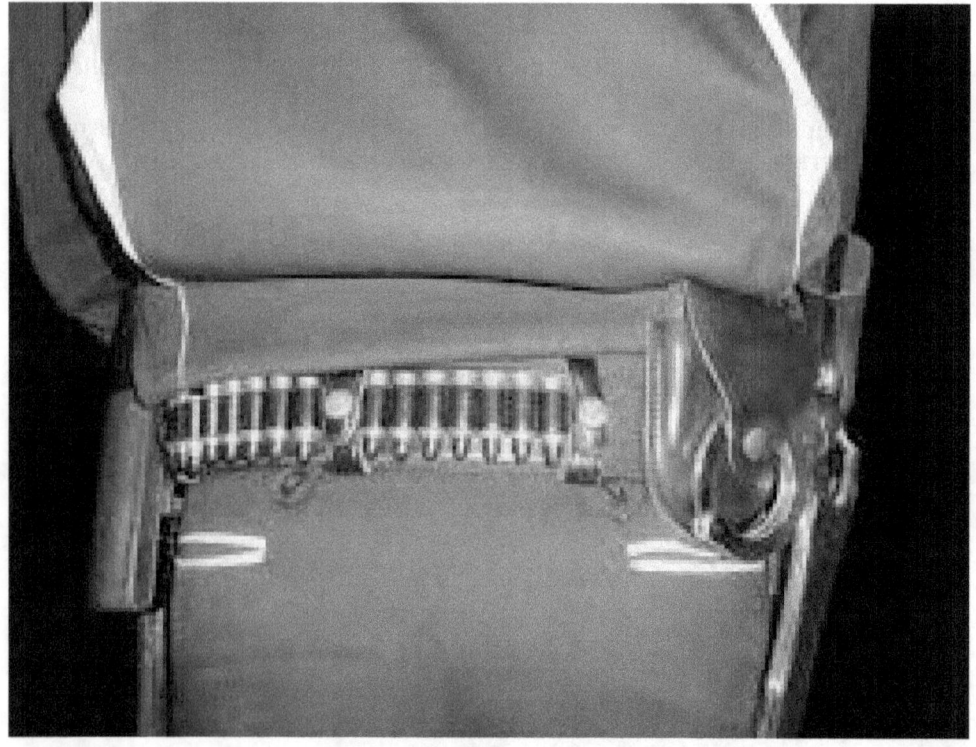

Imagen del vigilante habilitado para portar armas actualmente dotado con su revolver 38 especial de cuatro pulgadas

Igual hasta nos sorprenden y sacan algún decreto o incluso en el reglamento hacen algún parche en este sentido pero creo que estoy soñando despierto.

Hasta pronto compañeros.

Las competencias sobre las armas del personal de Seguridad Privada se llevan a cabo por la **Intervención Central de Armas y Explosivos (ICAE).**

Vigilantes de Seguridad

El **arma reglamentaria** de los vigilantes de seguridad, en los servicios que hayan de prestarse con armas, será:

- **Revólver** calibre 38 especial, de cuatro pulgadas.

Si por la razón del servicio deben hacer uso de armas largas utilizarán:

- **Escopeta de repetición** del calibre 12/1970, con cartuchos de 12 postas.

Cuando existan circunstancias extraordinarias que impidan o desaconsejen el uso de las armas referenciadas para un servicio concreto, las empresas podrán solicitar de la Guardia Civil autorización para usar:

- **Armas largas rayadas de repetición**, del calibre 6'35, 7'65, 9 mm corto, 9 mm parabelum ó 9 mm largo.

La Guardia Civil, previo informe de la Comisión Interministerial Permanente de Armas y Explosivos (CIPAE), previa valoración de las circunstancias concurrentes, concederá o denegará la autorización.

Revolver reglamentario vigilantes de seguridad

Guardas Particulares del Campo

Las **armas de fuego específicas** de los guardas particulares del campo para desempeñar funciones de vigilancia y guardería, con carácter general, serán:

- **Armas largas rayadas de repetición.**

   Son armas concebidas para usar con cartuchería metálica, apta para su utilización con arma corta, de calibres:

- 6,35, 7,65, 9 mm corto,
- 9 mm parabellum,
- 9 mm largo,
- 22LR, 22 Magnum,
- 38 especial
- 357 Magnum.

   Cuando existan circunstancias extraordinarias que impidan o desaconsejen el uso de las armas largas rayadas para un servicio concreto, las empresas de seguridad podrán solicitar de la Guardia Civil autorización para usar:

- **Revólver** calibre 38 especial.
- **Escopeta** del calibre 12, de repetición, con cartuchos de 12 postas,

   La Guardia Civil, previo informe de la **Comisión Interministerial Permanente de Armas y Explosivos (CIPAE),** previa valoración de las circunstancias concurrentes, concederá o denegará la autorización.

El **arma reglamentaria** de los escoltas privados será la **pistola** semiautomática del calibre 9 mm parabellum.

- **Orden del Ministerio del Interior de 15 de febrero de 1997**, por la que se determinan las **armas de fuego a utilizar por los Guardas Particulares del Campo para desempeñar funciones de vigilancia y guardería**,

- **Orden del Ministerio del Interior del 7 de julio de 1995**, por la que se da cumplimiento a diversos **aspectos del Reglamento de Seguridad Privada sobre personal**,

El artículo 3 del Reglamento de Armas, aprobado por Real Decreto 137/1993, de 29 de enero, clasifica en la **categoría 2.1** a las **armas largas para vigilancia y guardería**, especificando que dichas armas serán las que se determinen por Orden del Ministerio del Interior o mediante decisión adoptada a propuesta o de conformidad con el mismo, como específicas para desempeñar funciones de vigilancia y guardería.

El artículo 93.1 del Reglamento de Seguridad Privada, aprobado por Real Decreto 2364/1994, de 9 de diciembre, establece que el arma reglamentaria de los Guardas particulares del Campo, será el arma de fuego larga para vigilancia y guardería, determinada con arreglo al artículo 3 del Reglamento de Armas, facultando la disposición final primera de dicho Real Decreto al Ministro del Interior para dictar las disposiciones necesarias para su ejecución.

El artículo 124 del Reglamento de Armas, relativo a las licencias para el ejercicio de funciones de custodia y vigilancia, contempla la posibilidad de que tales licencias **autoricen el uso de armas de las categorías 1, 2.1 ó 3.2**, de conformidad con lo dispuesto en la respectiva regulación o, en su defecto, de acuerdo con el dictamen emitido por la Comisión Interministerial Permanente de Armas y Explosivos (CIPAE).

Revolver vs Pistola

Tengo experiencia en armas cortas diez años como socio del tiro olímpico de Barcelona, tenia un revolver S&W del 357 de 6 pulgadas y una pistola Brno del 9mm (Parabellum), personalmente por precisión el revolver se lleva la palma, su cañón es fijo está unido al chasis, su retroceso es mas fácil de controlar al no tener corredera y con unos cuantos cargadores rápidos mejora notablemente la cadencia de tiro, y nunca se encasquilla si se utiliza buena munición, como mucho puedes tener problemas con alguna vaina que se raje y cueste de sacar, pero no entorpece a las demás recamaras, (Nunca me encontré el caso).

Las pistolas su poder radica en la cadencia de fuego, pero hay que ser muy diestro para descargar un cargador con 16 balas y dar con ellas en el blanco, eso si acojona disparar y que te disparen 16 veces seguidas, cada disparo hace retroceder la corredera hacia atrás para dar paso a la siguiente bala con lo que cada disparo tienes que corregir la puntería, sino a cada disparo te sale mas alto, y puede encasquillarse al no expulsar bien la vaina y dar paso a la nueva bala.

Indiscutiblemente para el servicio el revolver está obsoleto por la carencia de fuego por mucho que lleves los cargadores rápidos nunca puedes superar la velocidad de recarga de una pistola, y en mi caso con la brno que es checoslovaca y miles de tiros encima nunca se me encasquillo, pero tienes que tener el arma siempre limpia para evitarlo, si su mecanización es buena, no hay problemas.

Han mejorado en precisión con los años, pero el cañón sigue estando suelto bajo la carcasa y con muchos disparos va ganando juego.

Diferencias entre no dar el perfil y no encajar
En seguridad privada se confunde con demasiada facilidad el perfil con el
"no encajas" que son cosas muy distintas, existe la creencia muy extendida
que la adjudicación de servicios se debe hacer por antigüedad, algo que
nunca he comprendido, los servicios se deberán adjudicar en base a el perfil
exigido para el servicio, y mas antigüedad no equivale a mayor experiencia,
hay muchos inútiles y vagos con mucha antigüedad, con esto quiero decir
que uno puede ser un buen profesional y sin embargo no dar el perfil para
determinado servicio, luego está el tu no encajas, que abarca todas las
opciones para que te quiten en un servicio y por norma general están todas
basadas en el mamoneo.

A mi me quitaron del servicio de la galería comercial de un *prycafour*
porque el jefe de equipo y su mano derecha con turnos fijos de mañana y
tardes respectivamente no le salía de los webs trabajar los sábados, por lo
que el resto de vs tenían que hacer ese día turnos de 16 horas, y yo así con

todas sus letras dije que no iba a trabajar 16 horas para que dos sinvergüenzas vivieran mejor de lo que ya lo hacían...

Me quitaron del servicio porque no encajaba, después pase al hipermercado, donde el Jefe de Patrimonio era una persona con un grado de...anormalidad muy alto, de esos que no te puede ver hablar ni saludar a nadie, pero claro, yo es que tengo vida aparte de ser vs y no trague, y después de verme en dos ocasiones <u>SALUDAR</u> a una limpiadora al incorporarse a su turno también me quitaron del servicio por no encajar

¿Quién puede mandarte en un servicio de seguridad privada ?
Un poquito de HUMOR

Esto es en la teoría, en la práctica te puede mandar la jefa de tienda, el jefe de sección de charcutería, el de mantenimiento y la señora de la limpieza.

PD. Se entiende que está activado el modo irónico...pero es la pura realidad

Al principio de la humanidad, cuando se creo la Seguridad Privada, los órganos vitales del cuerpo comenzaron a discutir sobre quien sería el jefe.
El cerebro expuso: "Yo debo ser el jefe, ya que ordeno el funcionamiento de todo el cuerpo".
Los ojos argumentaron: "Nosotros deberíamos ser los jefes

porque guiamos todo el cuerpo".

El corazón dijo:"Entonces yo debería ser el jefe, porque llevo la sangre para que todos funcionéis".

En ese caso dijo el estómago: "Yo seré el jefe, puesto que os alimento a todos".

Las piernas se declararon jefes, porque según ellas transportaban todo el cuerpo.

Y todos los demás se indignaron por la cuenta que les traía, cuando la mierda pidió ser el jefe.

Se rieron a carcajadas.

La mierda sólo dijo:

Yo seré el jefe... y se negó a salir durante cinco dias.

El cerebro estallaba... El estómago se sentía mal... Los ojos se nublaban... El corazón amenazaba con pararse... Las piernas temblaban... y entonces todos gritaron:

¡Qué sea la mierda el jefe!

Y desde entonces cualquier mierda puede ser jefe.

Jajajajajajaja.

LA HIPOCRESIA DEL INTRUSISMO EN SEGURIDAD PRIVADA

LA HIPOCRESIA DEL INTRUSISMO EN SEGURIDAD PRIVADA.

Parece que suene raro el titulo tal y cual está escrito, además no creo ni que siente bien a muchos abanderados del actual sistema impuesto de seguridad privada.

En primer lugar me gustaría poner aquí la definición de intrusismo en general, para dar cuenta de la forma concreta donde basarnos al comentar tal tema.

INTRUSISMO….

es el ejercicio de actividades profesionales por persona no autorizada para ello. Puede constituir delito.[1]

Es el ejercicio fraudulento de una profesión sin la titulación necesaria. Por lo que se dan dos condiciones:

1. Requerimiento de una titulación profesional oficial. En los oficios generalmente viene dada por institutos o escuelas de formación profesional. En las profesiones son las universidades quienes conceden los diferentes grados de formación adquirida (diplomado, licenciado, doctorado). En algunos países (ej.: España) el título oficial finalmente lo registra y entrega el Ministerio de Educación.
2. Entidad reguladora y controladora del ejercicio profesional. Antiguamente eran los gremios, en la actualidad suele ser los colegios profesionales, y en su defecto, las instancias judiciales correspondientes.

OJO aquí me falta algo que comentare después

El Código Penal considera intruso a "El que ejerciere actos propios de una profesión sin poseer el correspondiente título académico expedido o reconocido en España de acuerdo con la legislación vigente, incurrirá en la pena de multa de seis a doce meses. Si la actividad profesional desarrollada exigiere un título oficial que acredite la capacitación necesaria y habilite legalmente para su ejercicio, y no se estuviere en posesión de dicho título, se impondrá la pena de multa de tres a cinco meses. Si el culpable, además, se atribuyese públicamente la cualidad de profesional amparada por el título referido, se le impondrá la pena de prisión de seis meses a dos años."[2]

Aunque tengo mis dudas , dejare barco como bueno al referirme a ballena y porque digo esto?, es muy simple, porque en todo momento habla de titulaciones, no de habilitaciones
que no son titulo alguno, con esto no quiero decir que sea así o deba serlo , pero me crea una duda mas o menos razonable y como la duda me sigue en seguridad privada pues aparcare a un lado dicha duda y seguiré con el propósito de mi redacción.

Ya tenemos claro lo que es intrusismo profesional, entonces podemos seguir con el tema en cuestión
En nuestro caso y es el que nos toca, propiamente dicho , el intrusismo lo realizan básicamente personal auxiliar de empresas de seguridad y personal sin estar tan siquiera en empresa alguna, véanse los que vigilan obras y cosas por el estilo que campan a sus anchas.

Ante tal algarabío, que se puede hacer?, como estoy harto de oir y parece que todo el mundo hace por los foros y por los parlanchines, pues será denunciar, y digo que parece que todo el mundo hace de cara a la galería porque realmente las denuncias en estos

casos apenas suponen un mínimo por cien, que no diré para
no levantar los colores a aquellos que tanto denuncian por los foros de España .

El meollo de la cuestión y de ahí viene el titulo de esta redacción es donde estaban y
como empezaron en seguridad estos que tanto ruido hacen con el tema del intrusismo,
ojo que yo no soy ningún santo tampoco, al no gustarme ni un pelín el robo de trabajo
que realizan los intrusos, pero vuelvo a preguntar, como empezaron
dichos actuales vvss ,estos aguerridos luchadores contra el intrusismo en los foros?

Nunca han trabajado con auxiliares a su lado?, de su misma empresa? auxiliares que los
apoyaban y les ayudaban si había problemas, cosa que un auxiliar no puede ni debe
hacer?, pero como interesaba, para no estar solo ante el peligro, pues que mas da si me
ayuda un intruso, pensara el que los pone a parir día si y día también, pero no los
denuncia porque son de su misma empresa y el jefe le da de comer aparte

En que mundo tan hipócrita vivimos, donde los que critican tanto a los intrusos
conviven con ellos en una misma empresa, y no dicen ni mu delante, pero hay¡ en los
foros , donde se saca pecho de la ignorancia de los demás, hay¡ en los foros, como se
presume de aquello que nadie sabe si hacemos.
claro esta que yo soy el primero que digo que hay que denunciar, pero no lo digamos
para quedar bien hagámoslo.

Que empresa de seguridad hoy en día no posee una línea de personal no habilitado mal
llamado auxiliares de servicios donde
son colocados en servicios cada día mas descarados por precio, para seguir manteniendo
la línea de negocio y todo esto con el beneplácito de los que deberían perseguir el delito
, ya que así es como se llama de verdad, deberían perseguir de oficio

Si con todo lo hablado seguimos sin ver que hay una gran hipocresía en seguridad
privada, me voy de vacaciones y pensare un discurso al revés , a ver si hay mas suerte.

Elementos importantes de seguridad en una tienda

La seguridad en un comercio es un aspecto muy importante, y más con las últimas cifras de hurtos y robos en comercios que se presentaron desde el gobierno, alarmantemente altas a pesar de los esfuerzos por los vigilantes y las empresas de seguridad.

Ejemplo de expositor en tienda de ropa con sus alarma

Sin embargo este año se presenta positivo para los comercios, puesto que con la reforma del código penal que se aplicará en julio los hurtos dejarán de ser considerados como delitos menores y pasarán a tener penas mucho más severas. A diferencia de antes la reincidencia será un elemento muy importante para la gravedad del delito, de manera que los delincuentes a los que hayan arrestado varias veces por hurtos cada vez tendrán condenas más duras.

Con esta nueva reforma cobra todavía más importancia el disponer de una buena red de seguridad en tu tienda, reforzando los elementos más importantes que la componen:

Sistemas de alarma

Ya bien sean mediante arcos de seguridad o etiquetas **antihurto** es sumamente importante, puesto que el hecho de poder contar con un sistema de alarma en caso de que se sustraiga un producto de la tienda sin que nadie se dé cuenta es vital. Muchos delincuentes han aprendido técnicas para hacerse con los productos de forma oculta y muy disimuladamente, cosa que evitaremos instalando este tipo de sistemas. En el mercado podemos encontrar muchas empresas de seguridad especializadas en este tipo de sistemas

Red de cámaras de vigilancia

Con la importancia de identificar posibles reincidentes por la reforma penal las cámaras de video vigilancia todavía cogen más relevancia, puesto que de este modo se puede prevenir muchos robos y hurtos al identificar previamente al delincuente.

Vigilantes de seguridad

Probablemente el elemento más importante es el de contar con un profesional cualificado para que se encargue de la seguridad del establecimiento. Tener un sistema de alarma avanzado puede resultarnos totalmente inútil si no contamos con una persona encargada de detener al sospechoso, puesto que los dependientes pueden encontrarse indispuestos en el momento del robo. Además la presencia de un vigilante de seguridad en el establecimiento puede servir para hacer que el delincuente se plantee el no robar en la tienda por miedo a ser atrapado.

DIFERENCIAS ENTRE LA SEGURIDAD PRIVADA Y LA PUBLICA

Ejemplo de servicios conjuntos entre la pública y la privada

Hola, queridos lectores, hoy y en este escrito voy a dejar clarito las principales diferencias entre la seguridad privada y publica, siendo obvio en algunos casos y no tanto en otros, el objetivo principal
es que todo el mundo llegue a entender en que radican las principales diferencias de nuestro sector con el publico, y sobre todo los propios vigilantes de seguridad, que para mi entender son o somos
ya que yo también pertenezco a esta noble profesión, los que tenemos que tenerlo mas claro si cabe
a fin de no traspasar la fina línea que hay entre una y otra seguridad a veces y que por algún motivo unos y otros aun no distinguimos.

primero empezare explicando el **concepto de seguridad privada** :

Con origen en el término latino *securĭtas*, el concepto de **seguridad** hace referencia a aquello que tiene la **cualidad de seguro** o que está **exento de peligro, daño o riesgo**.
Por su parte, la palabra privada, que se establece como la segunda mitad del término que ahora vamos a analizar, tiene su origen etimológico en el latín. Más concretamente podemos determinar que procede del vocablo *privatus*, que a su vez emana del verbo *privare* que puede traducirse como sinónimo de "privar".

Quiero entender entonces que tenemos claro lo que significa seguridad privada y de donde viene su nombre

concepto de seguridad publica

La **seguridad pública** es un servicio que debe brindar el **Estado** para garantizar la **integridad física de los ciudadanos y sus bienes**.
De esta forma, las **fuerzas de seguridad** del Estado se encargan de prevenir la comisión de delitos y de perseguir a los delincuentes, con la misión de entregarlos al **Poder Judicial**.

Ejemplo de colaboración seguridad privada y publica

Mientras que la seguridad privada esta formada por empresas privadas habilitadas para tal fin por
el ministerio del interior y a su vez las empresas de seguridad, deben tener en sus nominas a personal habilitado también por el mir con el nombre de vigilantes de seguridad.

Pero si todo esta tan definido y claro donde radica la duda

Hoy las amenazas y los bienes a proteger en el ámbito público y privado obliga a desarrollar metodologías que integren todas las disciplinas de la seguridad de un modo realmente convergente, tratando de considerar de forma real y efectiva a la seguridad como un todo y superando la conocida coordinación, buena pero insuficiente, de diferentes formas de trabajar.

Pero insisto donde radica la duda.

La duda radica en que una inmensa mayoría de vigilantes de seguridad , bien por falta de reciclaje y apalancamiento en determinados servicios cómodos y de buen hacer, no saben dónde está su limite
el límite que hace que te vayas a casa feliz y contento de haber realizado tus funciones de manera
reglamentaria, a tener que pasar por comisaria a declarar por haberte extralimitado en tus funciones.

Ejemplos… El vigilante de seguridad podrá detener en los supuestos que todos los vss sabemos y no vale la pena repetirnos a nosotros mismos por activa y pasiva y no podrá interrogar al detenido y deberá ponerlo de inmediato a disposición de las ffccss, que claro esta el texto, pues bien todavía hoy en día hay vigilantes de seguridad que no se han enterado e interrogan al detenido, además de retenerle la documentación o peor aun atándolos a elementos fijos, cosa que esta totalmente prohibido.

Que tiene esto que ver con la publica, muy fácil , ellos , las ffccss si pueden interrogar y si pueden llegar ante el juez a los delincuentes.
Ellos si pueden pedir documentaciones por la calle , nosotros no
ellos tienen presunción de veracidad, nosotros los vigilantes de seguridad no
ellos son agentes de la autoridad , nosotros los vigilantes de seguridad no, mas que en el supuesto que actuemos en auxilio o en colaboración con la policía, solo ahí seriamos considerados agentes de la autoridad

Bueno, he querido dejar claro las principales diferencias y supongo que se me ha quedado algo importante en el tintero, pero de momento me doy por satisfecho.

Interpretación del art. 24.2 Codigo Penal

Acabo de compartir un artículo doctrinal sobre la interpretación del art. 24.2 CP que tenía guardado para que le eches un vistazo y veas cómo está el panorama en cuanto a este problema: http://lawcenter.es/w/file/view/64017/el-concepto-de-funcionario-y-autoridad-a-efectos-penales-242-cp
Debes complementarlo con la sentencia del Tribunal Supremo que enlacé en el post anterior para ver cuál es la vía que decide seguir el tribunal.
Si atiendes al fundamento de la STS en relación a este artículo doctrinal (que

simplemente lo que hace es resumir la opinión de diversos juristas reconocidos en la materia y aportar un opinión en algunos aspectos) comprobarás que ya en el artículo afirma que el TS tiene una interpretación bastante más extensiva del elemento subjetivo de la condición de funcionario (disposición legal, elección o nombramiento) y es en esta sentencia que enlacé en el post anterior cuando ya decide que aunque no sea vigilante habilitado con habilitación legal sí que está participando en el ejercicio de su profesión o trabajo en la función pública (en donde también se decanta por entender función pública como finalidad de interés general). Se podría entender que esto es una interpretación extensiva contra reo, pero personalmente entiendo que de justicia esta debe ser así por la sencilla razón de que si no fuera así estaríamos condenando con mayor pena a aquellos que cometen los mismo hechos con una habilitación legal profesional que cumplen (participan en) una función pública que aquellos que sin habilitación legal profesional ejercen una profesión y funciones participando en una función pública (extiéndase esto también a médicos profesionales o intrusos que ejercen la medicina sin habilitación).

Personalmente no me pareció que los tribunales se cebaran con él. También ten presente que a priori aunque parezca que puedan existir indicios de que se haya cometido varios delitos, tras la investigación y las pesquisas judiciales sólo se imputarán y se abrirá juicio acusándolo de aquellos delitos en los que se considere que hay indicios suficiente para sustentar una sentencia condenatoria.

Como te comenté al principio de este post, es un tema muy interesante que seguro dará más controversias en el futuro y se fundamentará los recursos por este lado para obligar al TS a pronunciarse de forma directa sobre este asunto que, como a sabiendas hace, pasa de puntillas en la resolución que comentamos. Wink

Actualización: Quiero además añadir que, en los delitos especiales o que solamente pueden cometer determinadas personas la agravación de la pena o la aplicación de agravantes se fundamenta en que al tener tal condición si decide cometer el delito tiene una mayor facilidad para cometerlo y es más difícil su averiguación. Por ejemplo, estaréis de acuerdo conmigo que si un Guardia Civil decide hurtar algún objeto tiene mayor facilidad de actuación y ocultación que cualquier particular si lo hace en el ejercicio de su función y esto es lo que fundamenta la agravación de la pena (entre otros motivos). Por ello, la posición del tribunal en lo que os comentaba sobre dar mayor importancia a la participación de la función pública que a un simple documento acreditativo de habilitación.

Eleazar

En este artículo trataremos de explicar lo que significa ser vigilante de seguridad y que acarrea vestir un uniforme de vigilante

cuáles son los motivos que llevan a los candidatos a buscar la tip para poder ejercer y cuántos de ellos lo lograran.

Básicamente esta es la simple idea de este artículo sumamente sencillo y con palabras sencillas que intentare que sean de máxima comprensión para los lectores de este blog que trata básicamente de temas sociales y de seguridad privada, la esencia del mismo.

Empezaremos buscando la finalidad que tiene el vigilante de seguridad en su cometido diario, y no es otra como todos sabéis que la de proteger bienes muebles e inmuebles , objetos y personas, este sería el resumen de las funciones de un vigilante de seguridad en cualquiera de los miles de servicios que se prestan en toda la geografía española, y también la de ser cortes , amable y tratar a los usuarios, clientes y a las personas que se dirijan a nosotros de manera correcta y educada, algo que de no ser así provocaría una falta grave hacia nosotros por desconsideración y descortesía hacia ellos, algo previsto en la ley de seguridad privada, por lo que dicho tema se convierte en una obligación, algo que debería ser natural y auto exigible, por eso muchos compañeros no encajan en estos perfiles cuando esta exigencia se traduce en diaria.

Vestir el uniforme de vigilante debe ser correspondido con unos valores innatos de personalización, de educación, y de honestidad por nuestra parte, dispuestos siempre a ayudar al compañero, cliente o transeúnte cercano, esas deben ser nuestras principales características, además del autocontrol y saber actuar en todas y cada situación que se pueda producir derivada de nuestro servicio.

Es difícil de entender esto?, creo que resulta bastante fácil pues cualquier actitud puede ser natural e innata de nuestras condiciones nativas, sin que influyan en demasía las exigencias de algunos personajes que nos puedan hacer realizar acciones que no nos corresponden, en resumidas cuentas nosotros debemos tener el control de la situación que sea y decidir sobre los protocolos interpuestos en el libro de la operativa de servicios, que será nuestra principal baza y guía frente a situaciones distintas y antinaturales a nuestra tarea diaria.

El vigilante de seguridad debe ser una persona madura, natural, inteligente, decidido, sabedor de sus límites y de sus virtudes

Ser vigilante de seguridad significa responsabilidad, profesionalidad, dotes de mando, dotes disciplinarias, autocorrección y algunas cosas que he nombrado anteriormente.

Cualquiera puede ser vigilante?, mi respuesta es simplemente no, ya hemos nombrado las cualidades, las virtudes y las necesidades que debe satisfacer un vigilante en la casa de un cliente.

El usuario te debe ver como alguien de confianza que le transmita profesionalidad, que le transmita seguridad, buen hacer , si conseguimos transmitir esto a las personas que nos rodean podremos decir que somos unos buenos vigilantes de seguridad y que

Conseguimos nuestro cometido para con el público que nos rodea.

No deseo llenaros el coco de leyes, artículos, y parrafadas, simplemente quería destacar las virtudes de ser vigilante de seguridad algo que nos llena de orgullo a los que sentimos la profesión y que difundimos conocimientos y compartimos experiencias.

Ojala que algún dia reconozcan fuera de las menciones que cada año hacen los estamentos policiales nuestra labor y profesionalidad.

HISTORIA DE UNA VICTORIA

Mil excusas, presuntas motivaciones económicas y organizativas, pero todos sabíamos la verdadera razón: era una purga. Había que liquidar a los inconformistas, a los que no querían horas extras, a los que no admitían chantajes sobre el dinero que la empresa les debía, al núcleo de trabajadores/as que no se resignaban a tener un Comité títere que firmaba cuanto le pusiera la dirección por delante.

Pero no estábamos vencidos, no nos resignábamos, el abatimiento no nos llevó a la desesperanza, lo transformamos en determinación, y esta nos proporcionó una fuerza que nadie esperaba, la que alimenta la unión.

Un sindicato pequeño, recién nacido, nos dio esa esperanza, esa fuerza, y un abogado excelente, honrado y capaz.

Pero lo peor, lo triste estaba por llegar.

CCOO, USOC y UGT se presentaron con sus propios abogados, UGT representaba incluso al Comité de Empresa y todos ellos avalaron las razones de los despidos, admitieron el ERE a pesar de que se les restregaron por la cara las 90.000 (sí, sí, noventa mil) horas extras realizadas tras el ERE entre Junio y Diciembre.

Los sindicatos de la casta admitieron que ni siquiera revisaron las listas, por lo que desconocían la inclusión en ellas de personas mayores de 55 años, con disminución psíquica, con permisos de lactancia. Sin palabras.

No nos cabe duda de que si los fundadores de esos sindicatos levantaran la cabeza vomitarían bilis sobre estos engendros herederos de su legado.

La sentencia nos favoreció, pero la indemnización no nos bastaba. Queríamos justicia, nos merecíamos, y ellos no nos la iban a dar, así que la impartimos nosotros.

Unión, Acción y Movilización.

Programas de radio, webs, páginas informativas, acciones colectivas se pusieron en marcha en un amplio frente con un único propósito: Vencer, recuperar lo perdido, darle nueva vida a nuestra dignidad. Durante meses nos movilizamos y

actuamos de la única forma que la patronal entiende: ellos habían atacado nuestras economías, así que nosotros atacaríamos las suyas.! ! ! Acción, Movilización y Presión.

Todo es posible cuando no hay nada que perder y mucho que ganar. Fue un tiempo de aprendizaje, pues nos puso en contacto con una nueva realidad, la del descontento general de las innumerables personas que se acercaban a nosotros recabando más información, tanto de nuestra movilización como para saber más de ese nuevo y combativo sindicato. Cientos de personas nos apoyaron en nuestra petición y se iban calle abajo para ir a comprar a otro sitio, emisoras locales y de barrio nos cedieron espacio para exponer nuestras reivindicaciones, diversos colectivos y agrupaciones sociales se ofrecieron a colaborar en nuestras acciones ciudadanas y la propia Cónsul de Suecia en Barcelona realizó gestiones en su país para poner en entredicho las acciones de la sucursal española.Y la Acción llevó a la Victoria.

Es difícil describir la última reunión de nuestro colectivo al completo, cuando nuestro abogado nos informó de que la empresa aceptaba finalmente nuestras condiciones, inamovibles desde el principio. La sensación de Victoria se respiraba, se podía masticar en el aire.

Era devolvernos la Dignidad, era hacernos saber que el enemigo no es invencible, que el conformismo es una lacra que hay que erradicar de nuestras mentes y que la unión hace la fuerza.

Ahora podemos mirar con la cabeza bien alta y la sonrisa en los labios a los esbirros de la casta sindical, sumisa y puerca, vendida a su propio egoísmo. Hemos demostrado lo que nadie creía posible. Hemos visto desfilar hacia el paro al principal responsable de nuestra inclusión en la lista negra.

Esta es la verdadera historia del ERE de Loomis

Claro que habrá gente , resabiada, porque no entraron readmitidos , pero incluso estos pueden dar gracias , pues aunque no se los readmitió se les consiguió 45 días por año y un extra de dinero. Inclusive aquellos , que no lucharon en absoluto y se quedaron en casa calentitos , mientras nosotros estábamos en la calle pasando frio y discutiéndonos con gente en la calle , por defender nuestros derechos , incluso estos se vieron beneficiados por nuestra lucha.

Pueden decir lo que quieran , pero fue una victoria en toda regla. ¿ O cuantos EREs conocéis que se hayan tenido que readmitir a los trabajadores con todos sus derechos intactos ?

El PROU somos los que no nos amináramos ante las injusticias , ni ante los abusos. Sin ir mas lejos , hace exactamente un año desde mi readmisión y llevo ya 3 denuncias y 2 huelgas , una revocación de comité y sin hacer una sola hora extra. ¿ Pueden decir lo mismo los señores de UGT , CCOO , USO o cualquier otro ?

¿ Acaso no fueron UGT los que firmaron nuestro despido y encima se presentaron en nuestra contra en el juicio ?

Si realmente existe la justicia divina (Hay gente que se queda en casa esperando que eso llegue y gente que sale a la calle a buscarla) mas de uno tendría pústulas en la lengua , pero como los del PROU no nos dedicamos a esperar justicia divina , pues luchamos por la dignidad de los trabajadores.

ALGUNOS POLICIAS ENGREIDOS VERSUS EL PERSONAL DE SEGURIDAD PRIVADA

Hecho real

A quien le siente mal este articulo , que coma pan y ajos, ya que parece mentira que en estos tiempos todavía existan personas tan estúpidas y engreídas sin razón alguna.

Estando de servicio este fin de semana en Martorell , provincia de Barcelona, en las fiestas patronales de la misma y en distintos espectáculos de ocio, un servidor y dos vigilantes de seguridad mas, junto a unos controladores de accesos teníamos la misión de mantener el orden dentro de unas instalaciones que lindan con la comisaria de la guardia urbana de Martorell y donde acudió masivamente publico de todas las edades siendo los mas abundantes jóvenes de 18 años hasta los 36 aproximadamente, eran espectáculos de conciertos de música joven donde en general todo transcurría con bastante normalidad salvo los propios incidentes que acostumbran a ocurrir en este tipo de eventos de algún etílico o pequeñas trifulcas entre algunos jóvenes, que se solucionaron fácilmente y sin contundencia dada la buena colaboración y coordinación entre nosotros y los controladores de accesos, que valga decir desde aquí mi felicitaciones a los mismos, porque si bien ya había trabajado con algunos en otros eventos y empresas, estos controladores de Martorell, destacaron por una profesionalidad y sabiduría de su trabajo sin inmiscuirse en ningún momento en nuestras tareas de seguridad, vaya pues desde este modesto foro mis felicitaciones a estos profesionales de los que casi nunca hablo bien, también debo reconocerlo, pero que en este caso me han sorprendido por su profesionalidad y saber hacer.

Dicho lo anterior, en el segundo día de actividad profesional de seguridad privada y ya cuando denegamos la entrada al recinto por faltar media hora para el cierre y para prevenir males mayores doy apoyo a los controladores porque se prevenían incidentes derivados de la prohibición expresa de no permitir el acceso ya al recinto pues debíamos desalojar con cautela y escalonadamente al personal utilitario de las instalaciones a fin de que todo transcurriera de manera normal y sin incidentes, algo que en este tipo de eventos es tarea muy difícil , pero bien organizado se puede conseguir.

Pues son las 5,35 h de la mañana y llega el policía del titular de este relato, quiere entrar a buscar a su hija, no se identifica en ningún momento como policía, le deniego la entrada ya que el protocolo así lo establece a esa hora ya no permitimos el acceso al recinto a nadie, solo salir, pues en el barrido siempre nos encontramos con problemas por exceso de foro, algo que debemos evitar a toda costa y esa es la medida mejor que se ocurre al organizador y yo la respeto.

Pues el señor policía que quiere entrar si o si pasando por encima mio y que quiere hablar con el responsable del evento y yo le digo lo mismo que no se puede, y el me pide la placa, mi numero yo amablemente le digo que lo tiene a la vista y que lo puede coger cuando quiera , me saca su cartera portaplacas y es un policía nacional que por supuesto no esta de servicio
yo le digo que si le parece correcta su forma de hacer las cosas y su falta de respeto hacia nuestro trabajo, no me responde y me dice que entrara , le digo espérese que lo comento con el responsable y simplemente le pongo la mano delante sin apenas tocarlo ya que pretende entrar si o si, lo típico, ¡¡¡ No me toques , exclama ¡¡¡ , le digo señor , está usted llevando este tema a extremos que no corresponden, además que no respeta nuestro trabajo y además que si entra correctamente, nos lo pide amablemente y además se identifica como policía solo por deferencia a su profesión aun no estando de servicio le habría dejado entrar pero usted no se ha comportado con nosotros de manera educada y me ha faltado al respeto por lo que va a ser denunciado por nuestra parte por querer abusar de una autoridad que no tiene al encontrarse fuera de servicio y con tareas particulares,. además , su hija tiene que pasar por aquí si o si.

Bueno al final vino el responsable del evento, un funcionario del ayuntamiento que permitió su entrada y el tema se ha quedado en el aire y yo no formulare denuncia hasta que vea si el la formula, sino lo dejare correr ya que una vez mas he visto que quien debe dar ejemplo en muchas ocasiones se comporta peor que algunos delincuentes.

Quiero darle puerta al asunto y olvidarlo lo mas rápido que pueda.
Parece mentira que un incidente que tuve con un usuario de raza árabe que intento tirarme una valla en la cabeza y que me libre gracias a un compañero que lo inmovilizo por detrás , no tuviera para mi tanta importancia ni me haya irritado mas , que ver como algunos funcionarios del estado a los que mantenemos con nuestros impuestos sean tan déspotas, que por suerte solo son un numero muy bajo, pero los pocos que son se hacen notar.

Como tratar a clientes enojados en supermercados

Ejemplo bastante practico.

Mirad he encontrado este debate en linkediln de unos compañeros americanos y pienso que puede ser de gran ayuda atendiendo que somos todos personas y que nos entendemos basicamente con el idioma, por eso mismo es muy importante dialogar.

Si os parece os pongo el debate en linkediln y vamos comentando sobre la marcha como lo vemos.

saludos

Debate en linkediln

Coordinador de seguridad en POLICIA NACIONAL DE COLOMBIA

Buenas tardes .

quiero presentar mi aporte al tema, teniendo en cuenta mi experiencia en atención al público, cuando se habla de atención al publico se pueden dar todas las características de público, por que clientes difíciles se ven en todos los estratos sociales, siendo los estratos altos los clientes mas difíciles de atender y lo digo con mucho respeto sin desmeritar a ninguna persona sea del estrato que sea, pues si bien es cierto por su posición social suponen que su atención debe ser preferencial por encima de las demás personas sin respetar turnos, prioridades de edad, minusválidos etc. esto en cuanto a empresas publicas se trata, que su atención se debe hacer con el respeto e igualdad de todas las personas por principio constitucional, caso aparte de empresas privadas que tienen la misma problemática. pero igual clientes son clientes y las apariencias engañan, las empresas deben conservar clientes antiguos conocidos ampliamente por la empresa. pero termino mi intervención diciendo que toda persona de atención a clientes sea publico o privada debe armarse de mucha paciencia, arrancando del principio de que el cliente siempre tiene la razón y basado en el motivo de su visita.

Efraín M.

Encargado de la área de Monitoreo en Sociedad de Seguros de Vida Magisterio N.

Contribuidor principal

Muchas gracias don Jorge

Alejandro B.

Especialista de Protección de Incendios y Control de Perdidas en Grupo Securitas Mexico

Estimado Efrain estos tips se los doy a nuestros clientes y al personal de segurdad de nuestra empresa que trabajan para este cliente espero eta sea de ayuda.

Manejo de Personas Agresivas: Cómo Tratarlos

Todos los días se debe tratar con clientes agresivos, de esos que insultan y te agreden personalmente. Para ellos uno es el culpable de todos sus males y se empeñan en hacerlo saber. Llegan a amenazarlo, intimidarlo. Personas difíciles de tratar, capaces de dejar agotado a cualquiera con sólo escucharlos.

Jamás se deje provocar por una de estas personas, no responda de ninguna manera. Por lo general están a la espera de alguna palabra suya para irritarse aún más. Ubicarse en el mismo tono o insultar sólo será para peor. Además, si entra en ese juego, además de llevarlo a un pésimo humor le hará perder un tiempo precioso. Pero hay que tratar con los clientes y la única forma de hacerlo en estos casos es controlar la situación. Así podrá seguir con su trabajo.

Cuando un cliente agresivo se acerca, debemos saber que su enojo no es a causa de uno sino que es algo totalmente distinto. Al ser la persona más cercana, el cliente lo elige a uno como representante de una empresa que juzga fría, intratable y, a veces, desleal. Como le resulta imposible insultar a un edificio o una empresa que no es algo tangible, recurre a uno para descargar su enojo.

Consejos Prácticos:

Intente ser amigable. Evite tonos monocordes que son asociados a máquinas, a cosas frías poco interesadas en sus problemas.

Si la situación se lo permite, utilice el nombre del cliente lo antes posible y preséntese también.

El saludo es importante. Primero que nada salude al cliente. Si lo trata como si fuera uno más, así será tratado usted: uno más de esa maquinaria fría que lo hizo enfadar tanto.

Escuche al cliente y hágale saber que lo está escuchando. Deje que termine de decir todas las frases y cuando pueda vuelva a algo que haya dicho para dar pruebas de su atención. Muchas veces las situaciones se vuelven insalvables porque el cliente no se siente escuchado.

Jamás diga que va en contra de la política de la empresa. Muchas veces resulta tentador resguardarse en esa frase pero no hay nada que haga enojar más al cliente. Aún cuando así sea, intente utilizar otras palabras. En lugar de citar cuál es la política, intente explicar la razón de esa política. (EJ: esto es así para poder atender a todos nuestros clientes de una manera eficaz)

Jamás diga sólo ´soy un empleado´. Eso lo convertirá en una máquina ante los ojos del cliente. Aunque sea cierto que las reglamentaciones se deciden en otro piso, puede decirlo de una manera que no le haga parecer como una piedra: ´estas políticas se deben a (…). Si no está de acuerdo podríamos comunicarnos con (…) En su caso también me resultan injustas…

Alejandro B.

Especialista de Protección de Incendios y Control de Perdidas en Grupo Securitas Mexico

2da parte.

Algunas frases que pueden ayudarle:

Entiendo que esté enojado por esta situación. Yo también lo estaría. Por eso voy a trabajar con usted para resolverlo.

Yo también me enojo cuando tengo que devolver un producto porque vino con falla.

Todos nos enojaríamos si se traspapelara nuestro pedido y retrasa el resto de nuestro trabajo.

Asegúrese de que el cliente sienta que su enojo ha sido depositado en sus manos, entonces comience a resolver el problema.

Conclusiones:

Cada una de estas situaciones son distintas porque cada persona reacciona de diferentes maneras ante el enojo. De modo que estos consejos no siempre nos quitarán del apuro pero ahora ya conoce los principios generales: estar preparado estando atento a los indicios en el cliente y mostrarse como una persona real.

Nota: En caso de haber agotado todos los recursos y el cliente sigue agresivo o quiere agredir a un empleado se debe de notificar a la gerencia de la oficina sobre el incidente. Y ya el guardia Securitas tiene que actuar con más energía (sin gritar y ofender) en un tono amable de pedirle que se calme o que se verá obligado a llamar a la policía y esperar instrucciones del gerente

Yo añadiría que si usamos con fluidez el judo verbal y sabemos dominar la situación con temple y calma .

Podemos salir airosos del tema, los consejos aquí arriba aportados por nuestros compañeros son buenos consejos que se pueden poner en práctica , pero no es menos cierto que a veces la situación te domina por otros factores como mucho estrés, publico metiéndose por el medio del tema, jefes que te dicen lo contrario de lo que debe ser y la situación se puede quedar en insostenible y al final tener que usar la fuerza que a veces por mas que queramos utilizarla de una manera proporcionada, se nos puede ir de las manos, como he dicho anteriormente por muchos factores.

CADA UNO HACE LA GUERRA POR SU CUENTA

Hoy he estado meditando y pensando a la vez que bonito seria nuestro gremio si no hiciéramos cada uno la guerra por nuestra cuenta, que bonito seria si existieran asociaciones de profesionales en cada región tipo colegios profesionales como los abogados , médicos etc, donde además de tener permisos de la policía para determinados servicios estos colegios o asociaciones profesionales de seguridad pudieran elaborar un plan paralelo de seguridad y aconsejar o desaconsejar el servicio que fuera.

Soy de la opinión que cuantos mas ojos haya mejor , mas se ve y se aprecia determinada situación de seguridad.
Aunque el tema de las asociaciones de seguridad tipo colegios ya esta de sobras tratado en este foro si voy a pasar de puntillas para enumerar una serie de ventajas que ahora no las vemos por lado alguno.

Desde el colegio o asociación tendría que haber un organigrama directivo y ejecutivo parecido al de cualquier empresa, este se podría establecer con un jefe de seguridad y asesores con experiencia que tomaran decisiones y mandaran inspectores autorizados fuera de la policía, algo impensable ahora , lo se, e inspeccionar los servicios para ver que se incumple o que falta o sobra y tramitar el correspondiente parte a seguridad privada de lo que allí se ve y acontece, también ahí podrían estar encuadrados algún detective y perito judicial , cada uno con sus funciones.

Decir también que en esas asociaciones o colegios deberían estar englobados por regiones , Cataluña Madrid, valencia , etc
con delegaciones provinciales y deberían estar representados todos los que componemos el puzle de la seguridad privada, empresas, detectives ,vigilantes, guardas rurales etc y todos remar en la misma dirección, algo asi podría convertirse en el tiempo no muy lejano en algo oficial, quiero decir en asociaciones o colegios oficiales y obligatorios.

Sera una utopía, pero lo que no puede ser es lo que hay hoy, cada uno rema para un lado y la barca no se mueve, es mas quizás llegue a hundirse pues empieza a hacer aguas por todas partes.

Sindicatos que ponen a parir empresarios y empresas pero que luego hacen lo mismo que ellos o peor, empresas que incumplen sistemáticamente todo lo pactado habido y por haber, trabajadores poco motivados, bajos salarios, La policía ganando dinero a base de convocatorias de seguridad cuando esto también lo podrían organizar dichas asociaciones .etc.

Ahora hay organizaciones y asociaciones para dar y vender a cual mas cutre e inservible, recursos que se van por el camino en intentos , asociaciones de vigilantes que pierden fuelle cada dia mas pero solamente en determinadas partes del país, en otras ni existen, intrusismo que se hace cada dia mas fuerte en nuestro sector y nadie lo para sencillamente porque no se quiere.

Clientes que creen que somos la niña de los recados y ningunean nuestra labor , usuarios que no nos respetan etc.

Lo dicho, o hacemos algo parecido a lo propuesto o esto se hunde.

Ejemplo de la cantidad de asociaciones sin provecho que existen en nuestro país

http://www.forodevigilantes.com/t2230-asociaciones-de-seguridad

LOS REGISTROS Y CACHEOS EN SEGURIDAD PRIVADA CON QUE PROPOSITO

Hoy tengo como fin intentar aclarar algunos aspectos que aclararan un poquito mas el fin para el que se nos usa y se nos obliga a registrar bolsos, mochilas y demás enseres particulares a la entrada de algunos espectáculos, parques de atracciones etc

En un principio y atendiendo a legalidad, el fin debería ser buscar todo tipo de artilugios y objetos peligrosos que pudieran alterar el buen funcionamiento de cualquier evento, del tipo que sea

Esto también debería darse en parques de atracciones y lugares de índole parecida, donde lo que tendría que primar es la seguridad, y digo tendría, porque mi corta experiencia en seguridad privada me está diciendo todo lo contrario.

Me molesta y mucho tener que realizar tan escabroso relato además de verídico y comprobado aunque no digo yo que en algunos casos no proceda realizarlo como se debería y buscando la seguridad de los asistentes a cualquier evento, pero de esos son los menos.

Tambien debemos recordar como deben ser dichos cacheos y revisiones, superficiales ,tacto, sin poner las manos en interior de bolsillos, ni de bolsos.

Para tal fin nos podemos ayudar de una linterna

La verdadera realidad , es que los registros en bolsos y enseres personales radica en el negocio
del evento o establecimiento a proteger, parque de atracciones concreto etc

En los que he estado yo concretamente siempre he esperado una conversación jefe de equipo , inspector soplagaitas o como le queráis llamar hacia nosotros coherente y con unas palabras claves
como las webs , palabras claves repito de nuevo
en ellas que se nos dijeran , seguridad, hurto,objetos peligrosos etc

pero no, llegan las palabras claves y sabéis cuales son
bocadillos , sin especificar de jamón , chorizo queso etc , bromas son bromas jejejeje
aunque lo que tratamos es muy serio
sigo , las palabras claves son , bocadillos , bebidas, latas de refrescos , botellas de agua, alcohol etc podrían decir, cristales , botes inflamables , objetos cortantes , armas disimuladas, cinturones con hebillas metálicas, cascos de motocicletas etc , pero no siguen con , bocadillos, bebidas , refrescos etc

Y yo me pregunto a mi mismo y a mis superiores, que estamos para recaudar y llenar bolsas de bocadillos y bebidas y al servicio solamente de lo meramente económico o realmente estamos para lo que yo me saque la TIP, para la protección de bienes y personas y no para la ayuda a la especulación a nuestra costa que además no hace sino que los ciudadanos y medios nos tengan entre ceja y ceja

mas de lo que ya nos tienen.

Se que algunos compañeros me dirán que eso a ellos no les ha pasado y que siempre han cumplido con su deber a pesar de sus superiores y cliente, yo me quedo con la cara que mas arriba expongo la del señor Groucho Marx

Dia de exámenes para aspirantes a vigilantes de seguridad

Hoy ha sido y es un dia de exámenes , y en concreto pruebas físicas para aspirantes a vigilantes de seguridad.

Yo que soy un poco inquieto y me gusta ver las cosas por mi mismo, ya que ya ha llovido bastante desde que tuve que pasar yo por lo mismo, he querido recoger las expèriencias vividas por algunos nuevos aspirantes a vs in situ.

En las pruebas hechas en la sede de Tarragona , concretamente en el polideportivo de Campoclaro, habían unos 500 candidatos a realizar las pruebas a vigilante de seguridad.

He pasado una mañana distraída departiendo con algunos aspirantes a vs a su salida de las pruebas y también recibiendo algunas opiniones de algunos candidatos, los cuales muy amablemente me han dado sus respectivas opiniones.

Como no podía ser de otra manera, también he hablado con algunos miembros de las ffccss desplazadas al lugar para el control y organización de dichas pruebas que como todos sabéis corresponde a la policía nacional.

Dicho esto , decir desde aquí que doy las gracias a dichos miembros por su amabilidad y cortesía con el trato a los aspirantes en sus preguntas relacionadas con las pruebas y también por el trato que me han dado a mi al comentarles que tenia este foro.

Ha sido un acercamiento y un cambiar impresiones de nuestro sector de una manera breve y concreta.

La mayoría de aspirantes salían con caras distendidas y relajados después e haber pasado el trago de enfrentarse a las pruebas.

había un joven , el cual ha tenido el problema de dejarse el carnet de identidad y ha tenido que volver a por el pero ya no ha tenido tiempo de examinarse en el grupo de su edad y tendrá que volver en nueva convocatoria.

Javier Perez, aspirante a vigilante de seguridad , me decía a la salida que el ya sabía lo que era el sector y tal , ya que ya había sido vj en su dia y ahora le tocaba volver a la profesión después de tantos años de inactividad.

Algunos me comentaban que querían trabajar en los furgones blindados y no se cuantas cosas más.

Por supuesto yo les he puesto de pies en el suelo y sintiendo mucho quitarles tal ilusión , les he comentado que esas plazas están guardadas para los de mas confianza de una empresa de seguridad.

que no van a poner a un recién llegado a tocar millones , lógico si lo miramos desde un punto de vista coherente.

Bueno, el caso es que he visto una ilusión y unas ganas de incorporarse al mercado laboral por la via de la seguridad privada que me da mucha lastima que dicho esfuerzo no se vea compensado por la falta de trabajo e intrusismo del sector.

Esperemos que con la llegada de la nueva ley de seguridad privada, algo de esto cambie y la ucsp nos quite algunos truchos del medio y se puedan incorporar al mercado de trabajo algunos compañeros, que falta que hace.

Recomiendo que los mas curiosos acudáis a ver las pruebas físicas a poco que podáis, saldréis con muy buenas sensaciones y veréis el esfuerzo que no es poco para la preparación de un buen profesional de la seguridad.

PORT AVENTURA Y SU LUCHA CONTRA LA REVENTA DE PROMOCIONES EN EL PARQUE

Hola, un servidor que conoce muy bien lo que va a contar en breve, quiero dejar claro que lo que aquí expondré no va a ser ni publicidad del dichoso parque ni adversidad hacia el, solo comentare aspectos relacionados con la seguridad no siendo estos, aspectos de vital importancia en temas internos de seguridad, algo que como profesional jamás haría, además de estar penado por el código penal.

Bueno , los relatos se van hacia atras en el tiempo corriendo el año 2012 que es cuando un servidor tomo contacto por primera vez con el parque por motivos profesionales, dicho esto relatare situaciones y anécdotas sin entrar en detalles farragosos que puedan comprometer la seguridad de ningún componente del equipo de seguridad del mismo, pero si contare como se las gastan algunos del equipo en cuestión, que para mi mas que vvss que deben hacer su trabajo con pulcritud profesional, se dedican a jorobar al resto de profesionales cualificados que realizan su trabajo con esmero y profesionalidad.

El equipo lo forman 5 jefecillos llamados papuchos(no es el nombre verdadero por supuesto y que bajo ningun concepto revelaría, y los cuales tienen como norma operativa ir por el parque intentando joder al

subordinado vigilante de seguridad que realiza tareas de base por el parque o en alguna dependencia del mismo como pueden ser hoteles etc, y que estan obligados a numerosas horas de pie o actuaciones frente a individuos que muchas veces les superan en numero etc.

Bueno , dicho sea de paso, comentar que los papuchos son directamente trabajadores del parque suponiéndoles
, ya que esto esta por ver, la habilitación de directores de seguridad, o jefes de seguridad, ambas habilitaciones que te proporciona el ministerio del interior después de superar unas pruebas teóricas
y acreditar un curso en academia homologada para tal fin.

Bueno , seguimos con los jefecillos de equipo, a estos vamos a
llamarles **carpantas**(tampoco es su verdadero nombre dentro del parque), estos que tambien en numero de 5 y con licencia de arma, son los perritos guardianes de los **papuchos**y que realizan todos los actos legales o no que les mandan los papuchos.
Estos carpantas, ya son trabajadores de una empresa , la que sea contratada por el parque, y que a menudo son subrogados al entrar otra nueva empresa a dejarse las ganancias en dicho parque que por otro lado
y sin saber precios realiza los concursos a la seguridad a precios que pueden hundir cualquier empresa.
Estos carpantas en la mayoria de casos, obedecen mas a los **papuchos** que a su propio jefe de su empresa, la otra figura del dichoso inspector de servicios, figura ilegal a todas luces y que no esta reflejada en ley de seguridad privada alguna.
Los carpantas cuyo servicio la mayoría de veces lo realizan acompañados de los papuchos , tienen tambien en mentalidad controlar , mas que al cliente que va borracho a una atraccion o al que pueda entrar para sustraer algún efecto,se dedican a buscar todos y cuantos errores vean que pueden cometer los inmediatamente inferiores los vigilantes de a pie y que tienen que lidiar con las mas feas , a estos les llamaremos **piltrafillas** en lo sucesivo.
Hay otras figuras como vvss que van de un lugar a otro desplazándose en vehículos para poder estar en cuantos mas sitios a la vez durante un dia mejor, a estos que apenas saldrán en mi relato les llamaremos **correcaminos**
Bueno, una vez visto las diferentes categorias de seguridad del parque, veamos quien son sus enemigos mas acérrimos cuando llega la temporada de turismo y apertura del mismo en todo su apogeo con funcionamiento al cien por cien.
Los principales eenemigos del parque o mas bien para la seguridad son los llamados reventas que a su vez reciben el nombre con un codigo numerico que por supuesto tampoco revelare, basicamente para evitarme problemas legales con el mismo.

Los reventas , que empiezan llegando desde puntos tan lejanos a tarragona como desde barcelona , valencia y castellon, aparte de los que viven cerca, pueden llegar a juntarse un numero superior a 40 individuos la temporada alta con nacionalidades , aparte de española, rumanos, marroquies , sudamericanos de diferentes paises, etc, algunos son bien conocidos del parque po los años que llevan vendiendo promociones, otros son mas nuevos buscando una salida a la falta de empleo actual.

Tambien queria reflejar que dicha actividad siendo ilegal no supone mas que una falta administrativa y por la cual no procede detencion alguna al infractor cazado in situ vendiendo la promoción al cliente que se dispone
a entrar al parque por parquing o a pie por la entrada principal.

Lo que revenden dichos individuos, son las promociones que hay en botellas de marcas como cocacola o cerveza damm, o magdonals, las cuales por un numero determinado de promociones tienes una entrada gratuita.

El negocio y la ventaja para el cliente se basa en vender las promociones por un precio inferior al que te costaría si consumieras las que te hacen falta para la compra de una entrada.

El beneficio para estos reventas es obvio.

Pues bien, en esto se basa un porcentaje de los recursos de seguridad del parque en combatir de manera directa y objetiva a estos idividuos que se lucran de una manera ilegal.

Ahi es donde intervienen los piltrafillas mirados muy de cerca por carpantas y por papuchos, o bien cerca in situ , en pleno campo de batalla, o bien parapetados detras del centro de control con sus camaras potentes que todo lo ven.

Cualquier fallo o conducta de un piltrafilla, sera motivo de expulsion de hacer srvicios en el parque.
Los papuchos son intransigentes con los piltrafillas y a la vez su eseo seria de enfrentamientos y detenciones constantes comiendote marrones tu solito con un tema que a dia de hoy no tiene solucion legal alguna.

los reventas actuan como manadas de leones , que no dudan en atacar a qyuien pretende darles caza.
Se dala circunstancia que la inmensa mayoría de dias hay mas reventas que vigilantes de seguridad

Puede haber 6 vigilantes y 40 reventas, o bien los vigilantes vuelan como superman o no hay nada que hacer.
Esto ultimo parece que no quieran entenderlo los papuchos intransigentes , maleducados y para mi opinion personal muy malas personas, capaces de denigrar a un subordinado.

Esperando que haya quedado un poquito claro lo expuesto , lo dejo aqui, no sin la promesa en el tiempo de hacer un minireportage tratando el otro costado y con entrevista a los reventas mas asiduos al parque.

El hecho de relatar este caso concreto es para denunciar la dificultad con la que se enfrentan muchos profesionales del sector para desarrollar su trabajo diario a veces impedido mas por sus propios mandos que por sus resultados del trabajo.

Funciones de los vigilantes de transporte de fondos

Vigilante de Seguridad Conductor:

– Conducir el vehículo blindado con precaución, empleando prácticas correctas.

– Permanecer siempre en la cabina del blindado.
– Control de los dispositivos de aperturas y comunicaciones.
– Custodiar los valores que estén a bordo del vehículo, cuando los otros V.S. estén en operaciones de carga y descarga.
– Proteger al resto de la tripulación que se encuentre fuera del vehículo.
– Conservación del blindado y estar pendiente de las revisiones, y limpieza del mismo.
– Mantener siempre el motor en marcha, tanto en vías urbanas como en lugares abiertos.

Vigilante de Seguridad Porteador:

– Cargar y descargar los valores y efectos recibidos.
– Comprobar que las entregas (sacas) van debidamente precintadas y selladas.
– Cumplimentar los recibos de recogidas y entregas. Pago y protección de nóminas.

Vigilante de Seguridad de Protección:

– En términos generales la protección del V.S. porteador y de todas las operaciones que este realice, así como, la del blindado.

DETECCIÓN, CONTROL Y REACCIÓN

DETECCIÓN, CONTROL Y REACCIÓN. El sistema de alarma es una de las mejores formas de protección preventiva de su hogar o local comercial y se compone básicamente de tres etapas: Detección, Control y Reacción.

Para la detección de intrusos, se utilizan varios dispositivos como por Ej.: Sensores Infrarrojos, Fotoeléctricos, Detectores de Ruptura de vidrio, Sensores sísmicos, Contactos Magnéticos para puerta, ventanas u otro acceso y muchos otros como botones de pánico silenciosos.

Para el control y administración de estas detecciones se emplean paneles computarizados, controlados por medio de una Clave Personal que al introducirla activa o desactiva el sistema de seguridad. Una vez activada, este panel de control se alimentará de la información que le envíen los distintos tipos de sensores instalados, los que al ser vulnerados activaran una sirena y junto con ello se reportara la información a la central de monitoreo ya sea por línea telefónica o por radio frecuencia.

Para la reacción, dependerá de la empresa en la cual usted contrate los servicios de monitoreo, la cual junto con recibir la alerta, chequea la información y la deriva a Fuerzas y Cuerpos de Seguridad del Estado y a sus propios sistemas de reacción y por supuesto al usuario o a quienes el haya señalado como alternativas de emergencia.

Mi agradecimiento

CONTROLUM SEGURIDAD SHOKE

A Todos los colaboradores que han hecho posible este libro que espero haya cumplido la función para la cual está pensado.

Gracias a todos y a los lectores que no sean muy duros conmigo que se trata del primer proyecto de este tipo que emprendo.

Gracias a todos

www.ingramcontent.com/pod-product-compliance
Lightning Source LLC
Chambersburg PA
CBHW051913170526
45168CB00001B/370